恋爱中你必须知道的100个秘密

艾弥儿 著

中国纺织出版社

内 容 提 要

“性格内向的男生如何跟女朋友聊天呢？”“异地恋到底要不要继续呢？”“两个人在恋爱期间要不要AA制呢？”情感类节目《艾弥儿》自播出以来，每天在后台以及直播间里会收到来自粉丝的数百个情感问题及困惑，本书《恋爱中你必须知道的100个秘密》整理挑选了100个最具代表性的恋爱相关的主题，以粉丝问、艾弥儿答、加上互动的形式生动再现了新一代年轻人的情感困惑及状态，为年轻人提供最实用、最贴心的情感指南。

本书不讲鸡汤讲现实，年轻人在爱情里要两手抓：一手提升自己的硬实力，让自己在婚恋市场上更具竞争力；另一手学习实践亲密关系的软技巧，与另一半建立深入、长久、美好的亲密关系，提升人生的幸福感。

图书在版编目（CIP）数据

恋爱中你必须知道的100个秘密／艾弥儿著. —北京：中国纺织出版社，2019.5（2019.10 重印）
ISBN 978-7-5180-5935-5

Ⅰ.①恋…　Ⅱ.①艾…　Ⅲ.①恋爱—青年读物
Ⅳ.①C913.1-49

中国版本图书馆CIP数据核字（2019）第024058号

策划编辑：郝珊珊　　责任校对：寇晨晨　　责任印制：储志伟

中国纺织出版社出版发行
地址：北京市朝阳区百子湾东里A407号楼　邮政编码：100124
销售电话：010—67004422　传真：010—87155801
http：//www.c-textilep.com
E-mail：faxing@c-textilep.com
中国纺织出版社天猫旗舰店
官方微博http：//weibo.com/2119887771
三河市宏盛印务有限公司印刷　各地新华书店经销
2019年5月第1版　　2019年10月第3次印刷
开本：710×1000　1/16　印张：15
字数：122千字　定价：49.80元

推荐序

这是进取的时代，也是孤独的时代。

在我们的时代里，在我们的土地上，进取的局面在持续。只要人们愿意努力，敢于冒险，成功就在不远处等待。

与此同时，我们也迎来了老龄化时代、不婚化时代、单身时代。

父母们逐渐老去，独生子女们却常在异地打拼；更多年轻人对婚姻信心不足，选择不婚；还有许多人并没有充分的准备就进入亲密关系，或者不愿走出曾有的感情，选择单身。也许这是一个距离多于亲密，对自己好过对待血缘和关系的时代。社会的发展是复杂演变的结果，也许孤独是一种该有的常态，是自然选择的注脚，只是不太符合柏拉图的理想世界。

不过，作为内容行业的从业者，我们依然看到文章、广播、小说中，围绕人类关系的“情感”仍然是一个重要而且受众庞大的话题。从电台的深夜当家主播，到各类主张的自媒体，再到花样繁多的情感类综艺节目。人们对有关婚姻、恋爱、家庭生活，充满了好奇心和求知欲。他们聆听、观看、点评着他人的故事，激发着自己的同情、思考和疑惑。这便是“情感”类内容在这个时代的机会。

本书的作者艾弥儿，她的名字来自卢梭的同名著作（又名《爱弥儿》）。她在2017年，出现在西瓜视频和今日头条平台，以短视频的形式开始讲述情感。在西瓜视频平台上，她成了第一个拥有百万粉丝的情感类纯短视频创作者。作为专业教育人士出身的艾弥儿，和文学专业出身的很多自媒体作者不同。

相对文字情感自媒体观点犀利、鲜明、甚至语不惊人死不休的火爆，艾弥儿的视频是温柔的、细腻的，同时又是直接的，解决问题的。对生活问题，她怀着冷静的悲悯，同时又把持着专业的尺度。这也吸引了众多人持续观看她的视频，提出更多的问题，期望更好地处理生活中的亲密关系。截至今天，她已经在整个字节跳动平台坐拥400多万粉丝，每天她还在不厌其烦地在评论区为自己的粉丝答疑解惑。

人终究要和生活和解，终究要和孤独告别。这就需要我们具备更多的能力去处理亲密关系。面对和人的交流，和另一半的交流，我们需要用脑思考，也更需要用心思考。这是艾弥儿希望不仅用视频解决，也希望用本书来帮助大家的。希望大家能够在遇到问题时，把本书当成一本实用的问题集，按图索骥地去找找参考。当然也不要忘了，通过她的视频平台去关注艾弥儿，让这位亲密关系助推者，持续带给你现实而走心的启迪。

祝福艾弥儿的第一本书正式出版。也祝福你，我的朋友，幸福的人生属于你。

西瓜视频

姚帅

目录

Q1 为什么要先旅行，后结婚

粉丝困惑　艾老师，我和男朋友相处快一年了，我感觉我们感情很好，双方家长对彼此也挺满意。但是我们没有同居过，不知道在一起生活会是什么样，既期待又有一些害怕。恋爱中的他和生活中的他会不会不一样呢？我有朋友建议我们婚前做一次长途旅行，据说这样可以看看双方适不适合结婚，是这样吗？

艾弥儿解答　首先，对于要不要一起旅行、去哪儿旅行、旅途中要做什么等的选择，能体现出两个人的生活习惯、爱好和消费水平。借助于这些事情从某种程度上可以预测你们婚后能否和谐相处，一般来说，你们的选择越接近越容易和谐相处。

其次，一般情侣在短期约会中，双方都会刻意打扮自己，注意自己的言行举止，都想着把自己最好的一面展示给对方。但旅行不同，即使是短途旅行也有3~7天的共处时间，在这期间双方都会比较放松，你们可以360度无死角地观察对方平时的生活状态，更容易了解对方在生活中真实的样子。

再者，旅途中可能还会遇到不同的人，发生一些突发情况，这样你可以观察到他（她）跟陌生人的相处方式以及应对突发状况的态度，情绪管理的能力，等等。

最后，情侣一起出去旅行就有了一起过夜的机会，可以感受一下两个人对这件事情的态度是不是一致、在这方面是不是匹配，这对以后生活的和谐也很重要。

日本有个说法叫“成田离婚”，就是说年轻人婚后蜜月旅行回来落地到东京成田机场的那一刻，忽然觉得特别不合适就决定要离婚。

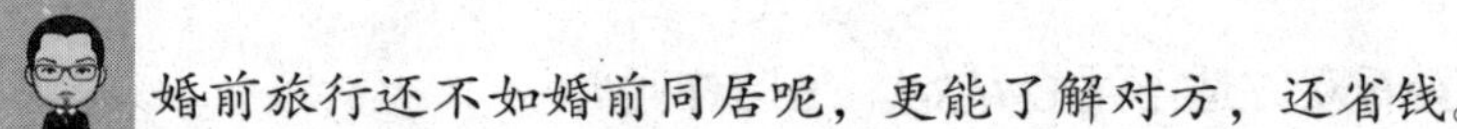

婚前旅行还不如婚前同居呢，更能了解对方，还省钱。

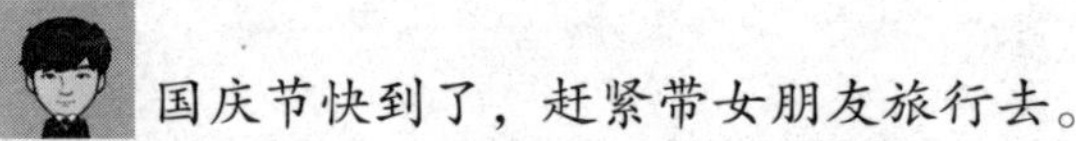

国庆节快到了，赶紧带女朋友旅行去。

我爸我妈是一出去旅行就吵架，哈哈哈！

我去，这还能退货，包赔吗？

我就受不了前男友出去玩跟我AA，娘们唧唧的！

有人说婚姻是恋爱的坟墓，但如果不结，爱情就会死无葬身之地。

——《婚前试爱》

Q2 怎样区分对方是“喜欢你”还是只是在“撩你”

粉丝困惑　之前参加户外团体活动认识了一个女生，参加活动的时候跟她比较聊得来，她属于善于社交的那类女生，我跟她私底下加了微信，之后一直断断续续地聊着，经常约出来一起吃饭看电影，跟她聊天的时候感觉很舒服，有时候她还会逗我，但我不确定她是不是喜欢我，如何判断她是真心喜欢我还是在“撩我”呢？

艾弥儿解答　首先，你把“撩你”和“喜欢你”这两件事区分得太清楚了。如果一个女生愿意撩你，那么她多多少少是有一点喜欢你的；如果一个女生喜欢你，也要从和你聊天开玩笑开始，所以看起来也有点像“撩你”。

通常我们会认为“撩你”属于一个短期选择，也就是不以长久的恋爱或者结婚生子为目的，甚至可能只想和你发生关系，或者只想把你当成排解无聊的备胎。而我们定义的喜欢你，就是有结婚生子的长久打算，希望你成为她的正式交往对象的长期选择。

虽然听起来这样区分也不是不合理，但是感情在相处过程中是不断发展变化的。

也许这个女生最开始的意图只是撩撩你，但是随着相处时间增多，慢慢地就真的喜欢上你了，想和你天长地久。

当然，还有一种可能是她开始想正式跟你交往、结婚生子，但相处一段时间之后发现自己并不怎么喜欢你，就把你从正式男朋友候选人转成了备胎，只会在无聊的时候找你消遣。

对于男人来讲，没有必要想太多猜测女人的态度，关键看你的态度，如果你喜欢对方，就和她相处看看，如果不喜欢，就直接拒绝。

管她是喜欢你还是撩你，你一个男人又不损失什么，赶紧接招去。

说得太对了，“感情是在相处过程中不断发展变化的”。

我一个哥们儿就是把“炮友”处成了老婆，哈哈！

“撩我”的女生给我来一打！

我就不能接受短期选择，不以结婚为目的的恋爱都是耍流氓！

喜欢你，就是知道不可能，还要爱上你。

——《喜欢你》

Q3 爱情中如何提供“情绪价值”

粉丝困惑　我是一个理科男，为人比较务实，女朋友总是抱怨我不会甜言蜜语，说我说话干巴巴的，也不懂得怎么哄她，一点都比不过她闺密的男朋友。她说我不会提供“情绪价值”。艾老师，什么是“情绪价值”呢？

艾弥儿解答　很多男生可能不知道什么是情绪价值，但情绪价值是恋爱中非常重要的东西。

男生从小受的教育都是男儿有泪不轻弹，所以会觉得情绪流露是十分女性化的，男人性格就应该比较直接——有话直说，就事论事。在恋爱过程中，男生会把这种固化的思维模式带入进来，结果就导致恋爱谈得干巴巴的，女人也就感觉不到恋爱的甜蜜和感情的浓度。

究竟什么是情绪价值，怎么为对方提供情绪价值？这有三个例子，比如你每天早晚都会跟女朋友问候，如果你只发“早安”“晚安”，这就是在就事论事，只是简单问候，话里没有夹带任何的情绪或甜蜜。假如你换一种说法，比如加上“宝贝儿”这样的昵称或者加两个亲亲的表情，让对方感觉很甜蜜，就是在提供情绪价值。

又比方说一起出门约会结束以后，你问她“到家了吗”或者是对方生病了你问“吃药了吗”。如果只是简单的一个问句，那你和别的普通朋友有什么区别？真正能提供甜蜜感受和情绪价值的说法，应该是：“到家了吗？刚刚分开没多久，我就开始想你了。”“宝贝儿，吃药了吗？知道你生病了好心疼，宁愿自己可以代替你生病。”

最后一种情况，你女朋友过生日，你送她礼物和卡片，如果你只在卡片上写“生日快乐”，这就只是一个普通的祝福。如果你补充一句“愿我能分分秒秒生生世世都跟你在一起”，这就给她提供了一个很好的情绪价值。

女人很贪心，不仅会看你各方面的硬性条件决定要不要嫁给你，同时还希望能够感受爱情里的甜蜜，也就是需要你提供情绪价值，二者缺一不可。

女人太贪心了，还是一个人过好。

学了个新词儿“情绪价值”，哈哈！

那女人要给男人提供情绪价值吗？

感觉自己之前的礼物都白送了！

这么说话，磨磨叽叽的，太娘了……

人们总把“我爱你”挂在嘴边，可那往往言不由衷。

——《人鬼情未了》

Q4 为什么漂亮女人经常遇到“渣”男

粉丝困惑　我闺密长得很漂亮，比我好看很多，家境也很好，从小到大，身边都不乏追求者。但是她总说羡慕我有个对我很好的男朋友，因为她的感情之路不是很顺利，总会遇到一些坏男人。我有时候很纳闷，其实我闺密除了有点娇气之外，其他条件都很好，为什么她总遇到“渣男”？

艾弥儿解答　一般漂亮女人身边的男人都是被她的外形相貌所吸引，刚开始会自动忽略她的性格或者其他方面的优点/缺点。这类男人只是喜欢她的外貌，等看腻了她的美貌，或是她不再年轻靓丽，自然没有继续喜欢她的理由，就会再去追逐更加年轻貌美的女人。

还有很多女生因为小时候就长得很漂亮，她的亲朋好友、父母、身边的男同学都对她呵护有加，甚至是纵容。这样的成长环境容易导致她们形成一种优越感，她们在潜意识里认为自己长得好看，其他人就应该对她好，让她三分，以至于成年以后也觉得“别人对我好都是应该的”，因而在亲密关系里缺少部分爱的能力。比如不太懂得付出和关心对方，对他人的小缺点缺乏容忍度和忍耐度，不追求自身的成长和工作的独立而仅在意外貌等。这样的性格特点可能会导致她们在成年后，或者在亲密关系里相处一段时间后，并不能很好地把关系维持下去。

把你闺密介绍给我，我一定好好对她！

啧啧，找老婆还是得找长相普通的，脾气好性格好。

漂亮女人的性格也好的话，那一定会更加受欢迎。

有的女人仗着自己好看，天天撒野，天天作！

上帝为什么把女人创造得如此漂亮又如此愚蠢呢？原因很简单，把我们创造得漂亮他们才会爱上我们，把我们创造得愚蠢我们才会爱上他们。

——《桃花运》

Q5 女人想要甩掉一个男人会有哪些表现

粉丝困惑　艾老师，我跟我女朋友是高中校友，她是我们那一级的校花，很多人追她，其中也包括我。高中三年，她一直都不待见我，不论我对她多好都视而不见。直到高中毕业，我们刚好考上了同一所大学，我对她仍然穷追不舍，总算是把她追到手了。但是自从在一起以后，她就三天两头跟我闹分手，感觉她心情一不好就要跟我分手，弄得我心惊胆战的，每次都花很大心思费力讨好她，才哄回来。说实话，这样真的太累了。她是真的想要跟我分手吗？不是的话，为什么她总要提？是的话，为什么又会被我劝下呢？

艾弥儿解答　首先，我想谈一谈男女之间的差异。在一段亲密关系中，女人经常会提出“你到底爱不爱我”“你有多爱我”“你爱我哪一点”等问题，因为女人总是更喜欢谈论两个人之间的关系和感情状况，这说明她们比男人更容易直面亲密关系里的冲突和问题。

当她们感受到变化的时候就会直接提出“为什么你最近对我的关心少了”“为什么你不那么频繁联系我了”“为什么你给我发的微信少了电话也少了”等问题，而当男人晚上收到女同事发来的消息时，她们又会问：“这个女人是谁？”“为什么这么晚给你发消息？”以上种种情况都证明女人更喜欢直面感情里存在的问题，也更能直面分手状况。

所以，当女生想分手的时候，往往会选择直接表达意愿。但是直接表达并不能证明她是真的想分手。当她闹脾气或者情绪比较低落的时候，在这类情绪状态下提出的分手其实只是在抱怨你不够关心她，不够爱她，等等。这种情况下的分手极有可能是假分手，女方只是希望通过分手来赢得你更多的关心和关爱，通常男人努力一下就可以挽回。根据你的描述，你面对的很可能就是这种情况。

而如果女人在比较平静的状态下提出分手，并且给出了某些具体原因，那可能就真要分手了。

分了吧，这种作女见多了。

女生闹脾气的时候千万别惹她，简直就是炸弹！

老哥，你的女朋友真的是作啊！不过我劝你还是好好珍惜！有个女友就不容易了！

厉害啊，校花都能被你搞到手！

如果我知道怎么舍弃你，那该有多好。

——《断背山》

Q6 女人最喜欢听男人说哪些话

粉丝困惑　我跟我女朋友在一起快三年了，她总是抱怨我嘴巴不够甜，不会说甜言蜜语，有时候还总说惹她生气的话。可我自己觉得我说的话都没什么问题，不知道怎么就惹她生气了。这是为什么啊？女人究竟喜欢男人说什么话啊？

艾弥儿解答　绝大多数女人都特别喜欢听甜言蜜语，大部分人都知道这个道理。主要问题在于很多男人都不懂什么是甜言蜜语，甜言蜜语该怎么说。

我给你支三招：

第一，多说说你们两个人的感情浓度。比如用各种句式表达你有多喜欢她，你为什么喜欢她，等等。当感情出现一些小状况时，心平气和地跟她谈谈，解释下原因。比如最近为什么不那么频繁地联系她？因为你最近工作忙，经常加班，但其实心里十分想念她，她就是你的精神支柱，等等，这些话都能让女人感受到充分的安全感。

如果你们的感情确实已经出问题了，也不要回避，要直面这个状况，继续把话讲清楚。比如当她看到你手机里还存着前女友的照片时，你可能就要费点功夫解释一下，说清楚你跟前女友确实是没有联系了，并且表示立马把前女友的照片和联系方式都删除，等等。

第二，多说说关于她情绪和心情的内容。因为女人经常会心情不好或者情绪低落，这时候男人哪怕只是简单地问一句“今天心情好吗？是不是有什么不高兴的事啊”，她就会接着这个话题跟你讲她今天的心情或者发生的事情，接下来你只要听着并表示理解就可以，因为她需要的只是你的倾听。如果你们距离比较近，那么直接去找她选择抱抱她就更好了。

第三，多说说你对两个人未来的规划。比如在短期内，你是怎么筹划的或者周末要怎么过/假期要怎么过，等等，因为女人都很爱憧憬。

你嘴巴不甜，还能维持三年，佩服！

女人心海底针！太难懂！

我女朋友也整天嫌弃我嘴笨，真是无奈。

以后就按照这个套路走！稳！哈哈哈！

如此情深，却难以启齿。原来你若真爱一个人，内心酸涩，反而会说不出话来，甜言蜜语，多数说给不相干的人听。

——亦舒《她的二三事》

Q7 如果是情侣，但还没有发生亲密接触，出去旅游应该怎么住

粉丝困惑　艾老师，我是一名大四的学生，跟我女朋友大三才在一起，感情一直都很好。但是我们两个之间还没有发生亲密接触，其实我有时候会想那方面的事情，但是我旁敲侧击地问过她的想法，感觉她好像还不想那么快发生关系，我也尊重她的选择。但最近我们都要毕业了，打算一起出去毕业旅行，作为男生，我要制定行程和住宿啥的，我该怎么办呢？

艾弥儿解答　我相信，在一段亲密关系中，男生都是期望能够早日把亲密程度进一步加深。而旅游恰恰是一个能够推进关系的好机会，能为两人单独相处，甚至共度几个夜晚提供十分正当的理由。绝大多数女生答应跟你出去旅游的时候，她或多或少都做了一定的心理准备，但是她同时可能处于一种观察你的状态：如果你表现得很好，也许到时候她会同意跟你进一步发展；如果在旅行中，她觉得你们还需要磨合或者你在一些细节上没有让她满意，她也可能拒绝你。

这是你们第一次旅游，我的建议是你可以在你经济承受范围内选一个环境、位置等各方面还不错的酒店，再告诉她这家酒店环境特

别浪漫，但酒店房源有些紧张，所以只订了一间房，问问她是否能接受。然后，再进一步说你订的是标间，你们可以各自睡一张床。这样的安排无论是对你自己还是对她，都是进可攻退可守的境地。

在整个旅途策划过程中，你应该多花心思把旅途安排得舒适又浪漫，选择多承担一点开销，尽量不让她花钱，她会对你感到很满意。晚上睡觉前，你可以尝试着跟她有一些亲密的接触，如果她没有抗拒，那就可以顺其自然发展下去。如果你感觉到她还有顾虑，没有准备好，那就请继续尊重她。

小哥哥很懂得体贴女朋友，给你点赞！

哥们儿，我都替你着急，上啊！这么好的机会，还不好好把握住！

你们俩怎么都这么磨磨叽叽的......

第一次出去玩，一定要订星级酒店！女人很挑的！

与女孩子第一次约会吃饭，吃的不是味道，是细节。旅游也一样。

——《恋爱先生》

Q8 男人的哪些瞬间会吸引女人

粉丝困惑　我今年24岁了，至今都还没谈过恋爱。我也很渴望恋爱，也想看到女生对我投来欢喜的目光。我觉得我异性缘其实不算太差，但是最后都跟她们处成了朋友，完全没有那种异性相吸的感觉。我要怎么做才能散发荷尔蒙，让她们爱慕我呢?

艾弥儿解答　首先，异性相吸是不变的法则。男女相处过程中，如果男人表现出了某些男性化特质，就肯定会吸引女人。比如当女人看到男人做某些动作的时候有力度感，肌肉线条隐约可见等。

其次，男人表现出理性的特质和逻辑思维能力，女人也容易被吸引。比方说，IT男看上去虽然不善言辞，但他们的女朋友都长得很漂亮，很大程度上就是因为女人对于计算机等某些机器的操控性比较弱。当电脑坏了，她们看着IT男熟练地操控键盘，很快把问题都解决掉的时候，女人就会非常崇拜IT男。

最后，最明显的男性特质就是勇气，可以理解为男人味。比如当你看到某些不公平的现象挺身而出时，当你关爱一些可怜的小孩或者小动物时，或者对家里的老人和外面遇到的老人都十分尊重时，都会为你的魅力值加分。

以上说的都是男性化特质十分明显的表现。此外，当男人表现出内心柔软的一面时，也会勾起女性体内类似于母爱的情感，女性在这时会认为这个男人值得信任。比如有些男人平时不苟言笑，但是每当说起自己母亲时就会热泪盈眶，这个瞬间对于女人来说可能就很有吸引力。再比如你平时工作一直都表现得很努力，外表看着很坚强，但当你非常疲惫地躺在沙发上的那一瞬间，很多女人的母性也会被激发。

肌肉男最有魅力了！

荷尔蒙要在某些特定的场合才能散发，比如……

男人女人都一样，要发展自己。

再有男人味，肌肉再多，没钱也不好使。

你要是没点真本事，谁愿意看你真性情。

——《欢乐颂》

Q9 如何才能和女生聊得来

粉丝困惑　艾老师，我最近通过交友软件认识了一个妹子，见过面，我挺喜欢她的，她长得很可爱，是我喜欢的那种类型。但是我嘴笨，可能还有点慌张，所以有时候聊天还弄得挺尴尬的，都不知道要聊些啥？我该怎么办呢？

艾弥儿解答　第一，发自内心地关心她，对她不断持有好奇心。这样在跟她交流的过程中才能源源不断地提出问题。对她的回答也要非常认真地倾听，这样她自然就愿意跟你多说一些话，不至于因为没话题而尴尬。

第二，敞开心扉。把你的真实想法和特质都表现出来，即使存在一些缺点或不足也没关系，真实最重要。当你敞开心扉时，对方可能会对你产生一种双向的安全感，也会向你敞开心扉，愿意跟你多聊。

第三，男女感兴趣的话题不一样。男性对外部客观世界比较感兴趣，而女性对人际关系以及人的情绪和心理比较感兴趣。如果想和她深入聊天话题，可以选择她感兴趣的话题，比如人际关系、心理学甚至是一些八卦的话题，等等，这些话题都能为聊天“添油加醋”。

第四，别聊太严肃的话题。比如人文政治、国际形势、先进技术等话题就很枯燥，会显得你比较无趣。

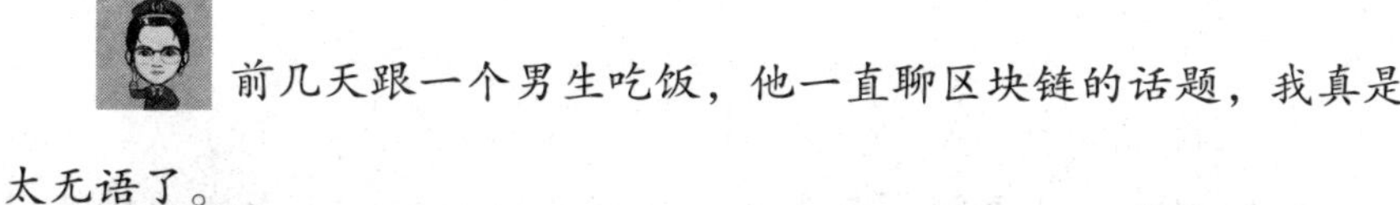

前几天跟一个男生吃饭，他一直聊区块链的话题，我真是太无语了。

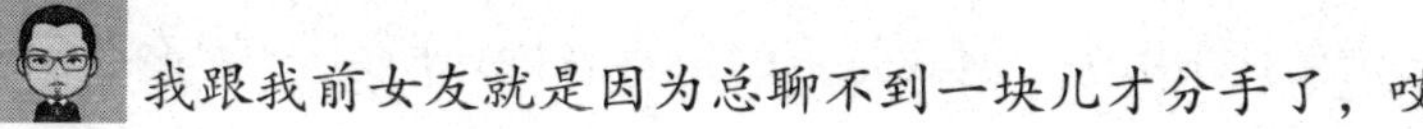

我跟我前女友就是因为总聊不到一块儿才分手了，哎！

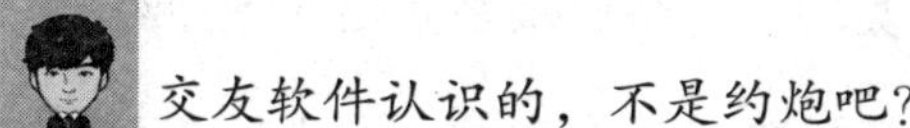

交友软件认识的，不是约炮吧？

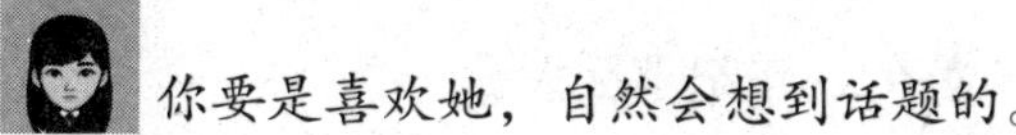

你要是喜欢她，自然会想到话题的。

> 我开心时，你要陪我开心；我不开心时，你要哄我开心；永远都要觉得我是最漂亮的，梦里也要见到我，在你心里只有我。
>
> ——《河东狮吼》

Q10 为什么女人都喜欢大叔型

粉丝困惑　艾老师，我正在追求我们班上的一个女生，虽然已经被她拒绝了好几次，但我是真的很喜欢她，所以一直坚持不懈地付出，给她买早餐、送礼物之类的。我每次跟她表白，她拒绝我的理由都是不喜欢我这种类型的，说她喜欢大叔型的……为什么女人都喜欢大叔型啊？大叔型有什么好的，年纪那么大。

艾弥儿解答　这跟大叔身上散发的某些特质有关。

第一，大叔年纪比较大，经历也比较丰富，性格上就比较成熟，情绪也会比较稳定，这几点都会让女人感到很有安全感。

第二，大叔的情感经历往往更为丰富，他会比较懂女人的心思，懂得怎么逗女人开心。

第三，大叔在事业上、生活上和精神上都能给初出茅庐的小姑娘很多经验和机会。

第四，一般大叔的事业都很成功，社会地位比较高，相对来说，物质条件也比普通男人要富裕。这些恰恰都是女人比较在意的方面。这四条都符合的男人，自然就容易获得女性的喜爱了。

我怎么感觉现在的女生越来越喜欢小鲜肉了？

光是年纪大，没钱没地位也不行啊。

年轻的小姑娘口味重，喜欢老的！

屡屡被拒还能坚持付出！

我爱你不是因为你是谁，而是我在你面前可以是谁。

——《剪刀手爱德华》

Q11 女人都喜欢成熟稳重的男人，成熟稳重的男人有哪些表现

粉丝困惑　我平时是那种嘻嘻哈哈的人，当初追我女友追得比较简单，可能她觉得我比较真实不做作。在一起以后，我越来越爱她了。但是最近总会有点小矛盾，她说我们性格不合，说我太幼稚了，要跟我分手，说她想要的是那种成熟稳重的男人。其实我已经改了很多，但究竟怎么样才是成熟稳重的男人啊？

艾弥儿解答　首先，成熟和稳重是两部分。

我理解的成熟是一个人经过一段时间的成长，对自己有比较清楚和正确的认识，这其中就包括：了解自己的能力和实力，知道自己能做什么，不能做什么；不说高估自己实力的话，也不妄自菲薄，缩头缩尾；了解人和人之间相处的规则，不愤世嫉俗，也不抱怨社会；能够比较好地把握和顺应社会的运行规则，让自己从容不迫，游刃有余。

一个成熟的男人给人的感觉一定是比较坦然自信的，他对自己有清晰的认知，对自我认定的事情比较坚定，这样的男人才容易给女人一种安全感。

而我理解的稳重是这个人情绪上不会因为受外界影响而过多波动，即使遇到一些意料之外的事，也不会将负面情绪带给身边的人。类似于古人讲的不以物喜，不以己悲的状态。

成熟稳重是从男人的内在性格和情绪控制上体现的，需要经过一段时间的历练。在这过程中通常也会累积起一定的物质财富和社会地位，这也是很多女人看重并且喜欢的。成熟稳重和物质地位在一定程度上是相辅相成的，所以女人一般会喜欢成熟稳重的男人。

兄弟，说白了，她就是嫌弃你没钱没势。

楼上的，人艰不拆，人艰不拆，善哉善哉！

少嘻嘻哈哈吧！

没事早点睡，有空多挣钱。

也有女人喜欢小鲜肉呢，关键得长得好看。

日后，尽量别叫今日的泪白流。留低，击伤你的石头，从错误里吸收。

——《葡萄成熟时》

Q12 我主动的时候她冷漠，我冷漠的时候她主动，这样的女孩是什么心理

粉丝困惑　艾老师，我最近在追一个女生，天天在网上聊天。有时候我感觉跟她聊得不错，她却会突然变得很冷漠，对我爱搭不理的；但如果我隔一段时间不跟她聊天，她又会特别主动地问我在干吗之类的。她到底喜不喜欢我？

艾弥儿解答　这位同学，你很有可能就是传说中的备胎。

女人对于备胎的态度，就像你描述的这样。如果你对她表现得十分主动热情，因为她有正牌男朋友，暂时还不能给你转正，所以就对你相对冷漠和疏远一点。如果你突然消失不理她了，她又觉得备胎突然没了还挺可惜的，所以她就会对你招招手，希望你能回来，然后你会老老实实、安安分分地待在你备胎的位置上。

有些男人不能接受女人这种行为，或者不能接受自己处于备胎的位置，那你坚决离开也没有问题。只是，在结婚之前，大家都有选择的权利。即使她有正牌男友，也不代表他们会顺顺利利、天长地久，毕竟大家都还年轻，一切都充满了变数。她可能跟现任相处一段时间后发现两个人不是最合适的，回过头来跟你这个备胎在一起也不是不

可能。

我的建议是，如果你真的很喜欢这个女生，认为你们两个很合适，不妨就先继续当朋友相处着。

你若安好，备胎到老。

其实你也可以同时多撩几个。

这不就是呼之则来挥之则去吗？说句不好听的，有点像宠物。

鸡肋鸡肋，食之无味，弃之可惜嘛！

什么车需要备胎，破车；什么人都需备选，烂人。

——范湉湉《奇葩说》

Q13　女朋友生气了该怎么哄

粉丝困惑　我跟我女朋友认识五年了，大三的时候我们在一起了几个月，后来因为总闹矛盾就分手了。想想自己挺不对的，那时候忙着实习，没有在她心情低落的时候陪着她。分开以后还一直想着她，试过忘记她，但是做不到。两年后，同学聚会，我又把她追回来了。现在跟她在一起快半年了，我已经改了很多，没事就跟她在一块儿，但是她还是会跟我吵，说我不够爱她，这种情况我该怎么办啊？

艾弥儿解答　女朋友在情绪上的时候，根本不是跟她讲道理的时候，所以不管她是因为什么而生气，第一步要做的都是承认错误并道歉，把所有的责任都揽到自己的身上，千万不要试着去讲道理。

第二步，把她生气的原因彻底解决掉。如果她是因为你跟某个女孩发暧昧的消息而生气的，那你要立马当着她的面把那个女孩的各种联系方式删除。如果她是因为你没有收拾屋子，或者某一件事情没有做而生气，那么你要马上把这件该做的事情给做了。通过你的行动把她生气的原因彻底消除掉。

第三步，要学会给她一定的补偿。比如可以买礼物给她，可以带她去她一直想去的地方，或者任由她提一些要求，只要不是特别过分的你都可以答应她。这一步是为了消灭她积攒的负面情绪。

最后，多说一点甜言蜜语表示一下你有多么爱她，多么离不开她，比如要跟她一辈子都在一起之类的。通过这四步，相信你们就和好如初了。

好马不吃回头草！

清空她的购物车，超级好使！

千万不要跟女朋友讲道理，她们就是真理。

千万不要在女朋友大姨妈期间惹她，不要问我怎么知道的。

一有矛盾，就先认错，准没错。

其实，我是一个演员。

——《喜剧之王》

Q14 女生的哪些表现是暗示你对她表白的

粉丝困惑　最近撩了一个学妹，聊了也有段时间了，她挺主动的，经常问我在干吗或者关心我吃没吃饭之类的。后来约学妹出来吃过几次饭，她长得很可爱，人也很开朗。我跟我哥们儿说了以后，他们都觉得学妹绝对是喜欢我，但是我自己拿不准，怕贸然表白会失败。艾老师，你说她是不是喜欢我啊？

艾弥儿解答　表白成败概率各50%，不表白成功概率是零，你自己选嘛。

通常女生喜欢你，又比较含蓄不直说的话，会有三个方面的表现。

第一，经常跟你表达自己是一个人，总是一个人吃饭一个人看书学习一个人生活，很孤单，等等。她会表露出渴望有一个男朋友能跟自己相依相伴等想法。

第二，表达自己对男朋友的标准没那么高。比如她会说希望有个什么样条件的男朋友，但是她的描述基本就是在说你，其实就是鼓励你向她表白。还有些女生会说亲戚或者同事给自己介绍了男朋友，迫于无奈可能要去见一见，问你有什么建议；或者说有男生在追自己，但是自己又不太喜欢那个男生，问你该怎么办之类的，这样将自己的情感状况告诉你，让你知道竞争对手的存在，也是希望你对她表白。

第三，你能感觉到她很想见到你，经常会找各种理由和你一起活动。比如做好吃的会希望你过来一起吃，或者周末约你出去玩之类的，看电影、看画展、运动、朋友聚会之类的也都会拉着你一起去，等等。这些通通都是通过行动告诉你她很喜欢跟你在一起，这样你就要主动一点对她表白才行。

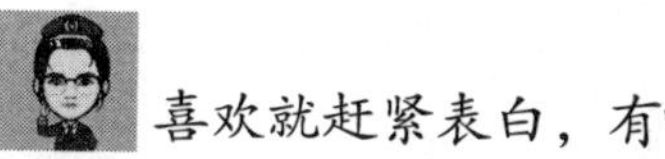

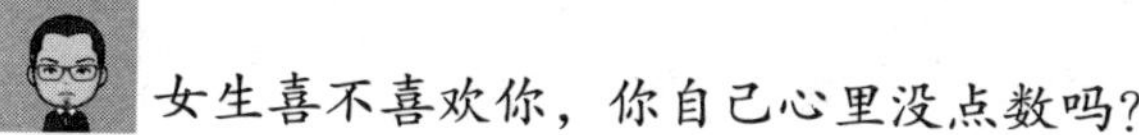

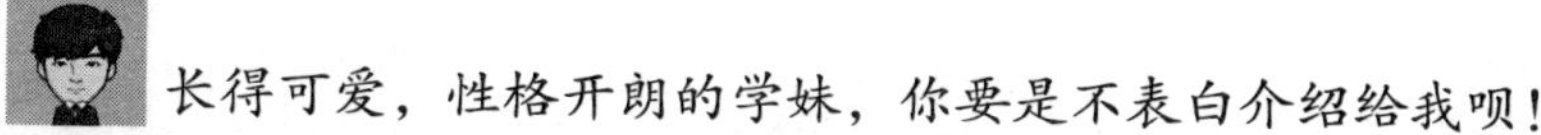

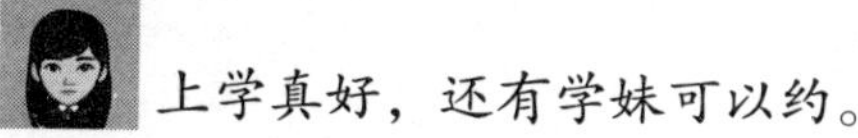

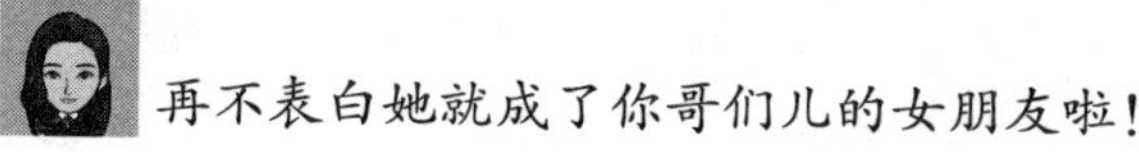

有些爱，只能止于唇齿，掩于岁月。我喜欢来日方长的男人和不堪回首的女人，是他们把生活搞得意味深长。

——《甜蜜蜜》

Q15 谈恋爱期间到底要不要AA制

粉丝困惑 我和我男朋友从谈恋爱开始就形成一种AA制的习惯，看电影和吃饭都是各付一半的钱，我也觉得男女平等经济独立是可以接受的。但是有一次开房当时是男朋友付了钱，事后我忘记把钱转给他，几天后男朋友发微信说："上次开房的钱，你是不是没给我，还是我自己忘记了？"说得很委婉，但是我忽然觉得心里很不舒服。男女恋爱期间，到底要不要算得这么清楚呢？

艾弥儿解答 首先，AA制是两个人对待经济问题的原则，是否AA制取决于两个人的态度，没有一个固定的标准。不管是AA制，还是一方负责主要开销或全部开销，只要两个人达成默契和共识，都无可厚非。

但是有一点很重要，男女谈恋爱谈的是感受、是亲密，太过生硬的AA制有时候会破坏这种亲密感受。所以，即使选择了AA制，也要换成一种更柔软温暖的方式去践行AA制，这样双方感受会更好。

如果你们每次一起吃饭一起看电影都要当下立即结算，就不如换成平时你请我吃饭，我请你看电影这种方式；双方互请就又不如平时男方负责多数约会的开销，但当男方过生日的时候，女方送一个比较贵重的礼物，比如说一块手表，附上一句话，比如“有你的时光最珍贵！”“时时刻刻想念你”等；或者女方在假期安排一次旅行，把机票酒店都订好给男方一个惊喜，这样更能促进两个人之间的亲密感受。

一般来说，两个人对于这段感情的持久越有信心，越不要求即时的公平和回报。比方说一群陌生人因为某次活动聚在一起吃饭，饭后会立即AA收款，因为大家知道很可能就这一面之交了；而朋友之间都是默契地你请一顿饭，过段时间我请一顿饭，是因为知道这段友情会持续；而亲人之间，付出回报的周期会更长，因为彼此知道在几十年的时间里这种亲人关系都会一直在。

在恋爱期间，如果每次约会后都立即AA算清楚的话，容易给对方造成这段关系并未有结婚生子、白头偕老的长远打算的错觉。

见过小气的，没见过这么小气的。

赐我一个女朋友吧！

算得太清楚了，感觉像一场交易。

男人负责赚钱养家，女人负责貌美如花，也是平等嘛！

我们现在是谈生意，不是谈恋爱。

——《喜剧之王》

Q16 谈恋爱的时候，只追一个女生才是专一吗

粉丝困惑　我现在很困惑，追我心中的女神（假设叫小A吧），有一年多了，她总是对我不远不近、不冷不热，我该怎么办呢？中间也有其他女生对我示好过，可我总觉得爱情应该专一执着，不应该同时和几个女生交往吧！

艾弥儿解答　从你描述的问题来看，你有两个很典型的观念束缚。

第一是你认为爱情就是非她不可的。其实，在没有深入了解和交往之前，并不能判定她是不是最合适的那一个。很多年轻的男生总以为爱情是非她莫属，非她不可的，其实你多问自己几遍为什么，到底你要跟她干什么，最后就会发现这只不过是你身体里边的一种想亲近女生、拥抱女生，或者想跟她发生关系的强烈欲望和荷尔蒙的躁动而已。如果追根究底到了这一点上你就会发现，其实你追了N年的女神跟其他女生的差距也没有那么大。

第二就是你以为爱情要专一，所以只能追一个女生，不能放弃。但是，爱情的专一是在确定了恋爱关系之后，而在追求期间，如果对方没有明确的回复，你同时和多个女生联络交往，从而进行多项选择是没有问题的，而且这会提升你恋爱的效率。

如果你只追女神小A，你心里的弦总是绷着，你会仅仅因为这一个人对你的态度，心情总是跌宕起伏。比如晚上10点你给小A发了一条微信，你就会一直等。人家不回，你半夜起来上个厕所都要看一眼手机有没有收到回复。但如果你同时和几个女生以朋友身份交往的话，你的心态就会比较平和轻松，而人在放松之后才会比较自信，才能散发魅力。

谈恋爱就像弹钢琴，是一个需要练习和实践的技能，我们总觉得女人的心思很难猜，但不同女人之间又存在巨大差别，所以你多跟几个女人交往也会提升自己对女人心理的把握，提升自己跟异性交流的能力，提升自己谈恋爱的技能。

最重要的一点是，谈恋爱终归要结婚生子。你在一个人身上耗了几年却没有结果的可能性是很大的，有时候人生就是没办法得到你最想得到的那个，可是你也不能一直单身。况且没有深入的了解和一定时间的交往，完全说不准哪个女生最适合你，所以同时和几个女生联络着，有备选我个人觉得是没有问题的。

自古深情留不住，唯有套路得人心。

不是我风流多情，我在提升恋爱技能，哈哈！

偶像剧看多了，鉴定完毕！

追了一年多了，你真有耐心，我都是一周不行就换人。

26个字母你都试试！

我这一辈子不知道还会喜欢多少个女人，不到最后我也不知道会喜欢哪一个。

——《阿飞正传》

Q17 第一次到男朋友家需要注意哪些事情

粉丝困惑 和男朋友交往了快一年，这个春节他要带我回家见他父母，我很想给他父母留下一个好印象，可是他老家比较偏远，当地的习俗我也不太了解，性格又比较内向，见了他父母也不知道该聊点什么，过年他父母可能会给我红包，也不知道该不该收，心里很紧张，请艾弥儿姐姐帮帮我。

艾弥儿解答 首先，不管男朋友家条件怎么样，父母怎么样，千万不要表现出嫌弃的样子。之前听很多女生说男朋友家条件不太好，男朋友妈妈做饭好难吃之类的。其实你去男朋友家和回自己家，这其中的差异肯定是可以预想的，你在男朋友家只是生活几天，饭菜有一点难吃就忍忍吧，毕竟对方也是尽全力，好心好意希望给你做很好吃的饭菜。

其次，跟对方父母聊点什么，你人都去了，就不要总是看手机跟闺密聊天、抢红包或者打游戏，等等，要多跟对方的父母有一些沟通。至于聊什么，最好的话题还是聊聊你的男朋友，也就是他们的宝贝儿子，你可以从他们嘴里听到很多男朋友成长过程中的趣事，这样他们聊得开心，你也更了解你的男朋友了。而且，不管他们说什么，你一定要表现出你特别欣赏和喜爱你男朋友的样子，这样他父母会觉得很踏实。

最后一点，对方父母很可能送你礼物或者是红包，收是要收的，但作为回敬，在去男朋友家的时候，你也要给男朋友的父母准备一些比较贴心的礼物，比如一些保暖的衣物或者是一些食物、保健品等。

如果送你一件衣服，对方的审美可能跟年轻人的审美不太一样，但是千万别嫌弃，一定要懂得感恩，春节期间如果方便就最好一直穿着。如果对方给你红包，刚开始最好还是推脱一下，最终接受之后你可以说男朋友最近正好需要一件长款羽绒服，回去刚好给他买一件；或者说男朋友正好处在事业的上升期，特别需要一套体面的西装，回去就帮他选一套。多说这类的话，你的“准”公公婆婆肯定会非常开心。

这不是让你去虚伪客套，而是让老人安心、开心，也是一种孝顺和善良。

上次去男朋友家过年，竟然瘦了三斤！

可以让你男朋友帮你出出招的，他肯定知道自己爸妈喜欢什么。

你是个好女孩，至少会主动去寻求这方面的帮助，他爸妈会很喜欢你的，我相信。

嫌弃我父母的女孩我一定不娶。

我知道这世上有人在等我，尽管我不知道我在等谁。但是因为这样，我每天都非常快乐。

——《返老还童》

Q18 为什么男人都喜欢穿高跟鞋的女人呢

粉丝困惑　我不明白为什么男人都喜欢穿高跟鞋的女人。我觉得女人穿帆布鞋、运动鞋或者板鞋，搭配连衣裙也很好看啊，十分青春阳光。难道是我自己很奇葩吗？我觉得高跟鞋毒害了女性，让女人脚都变形了，穿运动鞋多舒服啊！我觉得就应该抵制高跟鞋这种东西！

艾弥儿解答　如果你问男人为什么喜欢女人穿高跟鞋，他们多半会说因为很性感嘛。

为什么男人会觉得穿高跟鞋的女人性感呢？

首先，每个人对于性感的定义不同。我最喜欢的一个定义就是，男人应该更像男人，女人应该更像女人。比如男人如果有力量感，有肌肉，我们就会认为他很性感；女人如果丰乳肥臀，曲线清晰，我们就会觉得她比较性感。一个人身上具有异性身上所不具有的特质，他的性感就凸显出来了。很显然，高跟鞋是只有女人能穿的，所以女人穿上就显得尤其性感。

其次，在很多影视作品里，有关高跟鞋特写镜头出现的时候，一般要展现的都是女性魅力，久而久之，我们就形成了一种思维定式，觉得高跟鞋就等同于女性魅力，所以就喜欢穿着高跟鞋的女人。

还有高跟鞋确实能够让女人的外貌产生比较大的变化，比如看上去很高挑，腿也更加纤长，身姿也很挺拔，这些都是男人喜欢的，就像有些男人喜欢跳舞的女孩，也是因为她的身材气质看上去比较挺拔。

但是穿高跟鞋的确是一件很痛苦的事情，高跟鞋就没有舒服的。愿意承受这种痛苦，穿着高跟鞋出门的女人，通常是比较在意自己的形象的，也比较介意自己在异性心中的印象。所以穿高跟鞋的同时，她们也会花更多的心思和精力去打扮自己，这样整体的形象气质也会更好一些。

当然我只是大体解释了为什么男人喜欢穿高跟鞋的女人，女人也并不是为了男人而活的，穿不穿还是自己的选择。

高跟鞋再配上黑丝袜，绝了！

实话说，穿高跟鞋的姑娘颜值普遍高于不穿高跟鞋的。

我更喜欢女生穿帆布鞋搭配连衣裙，感觉很清纯，我是男生。

想起《西西里的美丽传说》来了。

自己舒服最重要，走自己的路，让别人无路可走。

无论如何平庸的女人，穿上高跟鞋，都会摇曳生姿的。

——张爱玲

Q19 第一次到女朋友家，一定不能做的事有哪些

粉丝困惑　我女朋友是温州人，跟她在一起几年了，感情不错。近期打算去一次女友家里，听说温州礼节挺多的。虽然女友父母不介意我不是温州人，之前也在其他场合碰见过一次，但第一次去家里，心里有点小紧张。我该注意点什么呢？

艾弥儿解答　不论各地有什么礼节，以下三件事千万别做。

第一，千万不能空手去，一定要准备礼物。礼物只要能表达心意就好，不一定要多么贵重。比如给对方的爸爸妈妈买一些保暖的衣物；如果对方的爸爸喜欢喝酒，你可以选一个特定牌子的烟酒送给他；再比如一些保健品，或者你所在城市的特产等都是可以的。

第二，非常重要的一点，虽然你平时不太做家务，但在女朋友家看到她在洗碗，你绝对不可以在沙发上干坐着，一定要主动去帮忙。哪怕是在她旁边帮她打打下手也行，一定要陪她做。因为你的女朋友是她父母从小宠到大的宝贝，他们最不愿意看到的就是自己女儿在做家务，你却在沙发上看电视或者玩手机，这样你的岳父岳母会对你很不满意。

第三，你一定要带着真心去，不要到了女朋友家还沉迷手机或

者游戏，要多陪陪他们，跟他们聊聊天。跟女朋友的父母聊聊她小时候的一些成长经历，对方的父母肯定很喜欢聊，你也比较愿意听，还可以帮你更好地了解你女朋友的成长经历；你也可以多聊聊自己，对方如果打算把女儿嫁给你，肯定希望多了解你，关于你的工作，对未来的规划，等等，所以你要尽量表现出你是一个非常上进、踏实的好青年。

想起温州炒房团。

衣服、烟酒、保健品什么的都买点，让人家看出你的诚意，这种时候千万不能小气。

我就好奇你们怎么住。

每个人的内心，都住着另一个自己。但这个自己，常因为外界的纷扰和别人的目光而隐藏。所以，只有聆听自己的内心，才能将你引向正确的方向。

——《那件疯狂的小事叫爱情》

Q20 为什么男人更容易一见钟情

粉丝困惑 据说美国有一项针对5000名单身人士的年度调查，有近60%的男性和40%的女性表示他们相信一见钟情，并且有41%的男性和29%的女性表示他们曾经体验过一见钟情。这项调查中，男性所占比例总是高于女性，这是为什么？

艾弥儿解答 首先，不可否认的是，男人确认自己喜欢一个女人的速度要比女生确认自己喜欢一个男生的速度快很多，男生很多时候会一见钟情，或者见过一两次面之后对于自己对一个女生有没有感觉，要不要交往下去这种事情，心里就已经有数了。但是，据调查显示女人平均需要约会六次才能确认自己是不是喜欢这个男人，这就是男女之间的一个时间差。

为什么男人容易一见钟情？因为男人通常是目的或结果导向，在和女生相处过程中，他的目的性很强，最初的目的就是因为异性相吸，想和对方发生关系，那么他就会很快地确认自己喜不喜欢她，思考这个人适不适合自己；而女人往往是过程导向，认为谈恋爱需要慢慢谈，她享受被人追求的过程，认为爱情要循序渐进，恋爱过程本身就很有意思，在初期没有什么特定目的，也不急于和对方发生关系，所以比较慢。

最后，在选择伴侣时，我们会考虑各种因素，比如对方的外貌、气质、性格、物质条件、人品等。男人在所有条件中最看重外貌气质，而这一点是见面就一目了然的，所以他很容易做出决定；而女生在决定要不要和一个男生继续交往的时候，潜意识里首先考虑的是能不能长久，比如能不能和他结婚，他能不能成为一个好丈夫，能不能做一个合格的父亲，她考量的因素比较多。除了外貌之外，她还要看对方的性格、人品、收入，等等，而这些情况需要时间去了解，所以相比较之下，男人更容易一见钟情。

男人的脑子总是脱离不了那些东西……

说白了，男人看脸，女人看钱，脸能直接看见，钱就不是了。

约会六次才能考虑要不要继续下去，这个成本有点高吧？

男人总是比较直接，女人就总是拐弯抹角，和思维也有关系。

一见钟情，还是见色起意？

一见钟情也是这样，我们第一次看到一个人，就深深地有了好感，那除了长相和气质，还能因为什么别的呢？我们不会对一头心灵美的猪一见钟情，我们之所以故意忽视这些，是因为我们想让自己变得很崇高。

——电视剧《男人帮》

Q21 男人到底会追什么样的女人

粉丝困惑　提这个问题有点微微不好意思，很多人都问我说：“你这么好看，为什么没人追呢？”之前我自己没想这么多，后来才发现好像确实从小到大就是没人追。我颜值在线，其他方面也还行，但是为什么没有人追我……不知道为什么，现在都有点怀疑自己，是不是真的没有异性吸引力？男生都会追什么类型的女生啊？

艾弥儿解答　都说男生喜欢漂亮的女生，但你会发现特别漂亮的女生，也没有那么多男生追。那些长相中上或者比较普通的女生身边反而总有很多男生追。

其实这跟男生的心理有关，追女生最怕的就是被女生拒绝，他会觉得这样很没面子，甚至自信心、自尊心都会受到严重打击。自信心不仅仅是自己觉得自己好就能拥有的，而是通过跟其他人的互动、根据其他人对自己的反应和反馈才能建立起来的，如果总被拒绝，他的自信心就会被慢慢消磨殆尽了。

男生在决定要不要追女生时，心里是有个公式的。刚接触的时候，公式就是女生的外在长相乘以她的可得性。所谓可得性，即追求成功的概率。

虽然长得特别漂亮的女生，男生看了也喜欢，可是他们心里明白，漂亮的女生追求者多，竞争激烈，追求成功的概率就相对小一些。而长相普通的女生，追求成功的可能性就高多了。

而且特别漂亮的女生通常都比较高冷，总是一副冷若冰霜的样子。心理学研究表明我们总是倾向于喜欢那些喜欢我们的人，所以普通女生的追求者反而比漂亮女生的多。作为女生，了解男生的心理之后，态度一定要友善一点，多给他暗示，让他来主动追你。

对，女生要主动一点。

我喜欢风骚性感的，不喜欢一本正经的。

我觉得题主还是不够漂亮，很多女孩都对自己评价过高。

太漂亮的放在家里不放心啊！

哪里有漂亮女人，哪里就有公开敌对。

——《悲惨世界》

Q22 头发越来越少甚至出现谢顶的症状，是不是对女人就没有吸引力了呢

粉丝困惑　艾老师，我今年42岁，由于家族遗传等原因，有秃顶迹象，我的头发越来越少了。我有点担心自己会不会就此失去了吸引力？

艾弥儿解答　不论男女，都会害怕衰老。女人最怕脸上长皱纹，男人最怕掉头发谢顶。但是，意大利有个很权威的调查结果表明：女人居然也喜欢秃顶发型的男人。有一半左右的女人会觉得头发浓密的男人很有吸引力，但是也有将近一半的女人喜欢秃头或者谢顶的男人，因为她们会觉得秃头很性感。

男人谢顶等主要原因就是他的雄性荷尔蒙太旺盛，分泌过多，导致毛囊阻塞。这恰恰说明谢顶的男人很有男人味、很性感。

曾经有人在意大利做了一个很有趣的调查，发现谢顶男人比起头发茂盛的男人拥有更多的后代子女。这也证明了谢顶男人雄性荷尔蒙的旺盛。

有句成语，聪明绝顶，因为人聪明所以才会谢顶。这解释背后是有一定的科学依据的。医学研究表明，在胚胎时期，雄性荷尔蒙会

促进右脑发育。右脑决定的表现是逻辑推理能力、分析能力、数学能力，等等，所以谢顶的男人也更聪明。

而且在女人的固有印象中，秃头谢顶的男人是权力的象征，因为一般事业有成，有权有势的男人往往头发都比较稀少，她会觉得这样的男人能给予她很好的物质保障，所以无形中也就更喜欢这样的男人。男人不用害怕自己变秃顶，因为世界上有一半的女人是喜欢秃顶的。

光头和秃顶是两个概念好不好。

真的假的啊？

我宁愿少挥发一些雄性荷尔蒙，也不愿自己秃顶。

在我的眼里你不会变老，不会褪色，也不会死去。

——《爱情故事》

Q23 在大城市找个女朋友是不是很难

粉丝困惑　唉，虽然大城市年轻男女数量多，但我感觉还是很难找到对象。像我，在某一线城市工作，在传统金融行业写代码，人比较内向，家乡是某个十八线小城市。在老家有套房子，家庭条件一般般吧。平时工作比较忙，基本都没什么社交生活，每天三点一线的生活，还不如大学时候社交活动多。为什么大城市找女朋友这么难？

艾弥儿解答　首先说难也难，难点主要有四个。

人的时间精力都是有限的。找女朋友需要花时间和精力。如果在一个小城市里，相对生活压力小一些，五点半就可以下班到家了，而在大城市下班回到家都已经八九点钟了，时间精力上就不够充裕。这是其一。

谈女朋友需要花钱。你要请女朋友吃饭或者看电影等，但是在大城市工作的外地人相对来讲经济压力比较大，租房子一个月至少也需要两千块钱，就没有那么多钱谈女朋友。这是其二。

在一个自己从小长大的小城市，你会有很多亲朋好友，在街上走路都能碰见自己幼儿园时候的同学，人际关系网比较广，这里就存在一些潜在“女朋友”，或者朋友同学都会去帮你张罗找女朋友这件事，但你一个人来到大城市就没有这种优势。这是其三。

最后，很现实的一点，通常从小地方来到大城市的女生，都是有追求的，她们对另一半的要求也会比较高。如果只想找一个普普通通的人结婚温饱度日的话，她还不如留在老家。所以大城市的女生一般心气都比较高。这是其四。

但话说回来，在大城市找女朋友也有比较容易的一面，主要表现在三个方面。

第一，大城市人口非常多。在一个有着两三千万年轻人的城市里，你更容易找到一个跟自己兴趣爱好、性格偏好都比较相似的另一半，你可以参加各种各样的活动，各种各样的俱乐部，选择面很广。

第二，大城市里，大部分年轻人都是从其他城市过来的，一个人生活都会相对比较孤单。如果找到另一半，大家比较容易产生抱团取暖，同甘共苦，相互依赖的一种感情。

第三，你离开家，虽然没有了家里的人际关系网，但是也少了七大姑八大姨的干扰，你可以自由恋爱，自己做主，不用听其他人的意见，这其实是一个有利因素。

到底在大城市里找女朋友难不难？有难的一面，也有不难的一面，关键看你有没有全力以赴。

挤两个小时公交到家的我，就想躺着。

城市套路深，我要回农村。

程序员？建议你换个工作，可能比较好找女朋友！

十八线城市的单身狗飘过。

人生下来的时候都只有一半，为了找到另一半而在人世间行走。有的人很幸运，很快就找到了。而有人却要找一辈子。

——《玻璃樽》

Q24 挽回一段感情的时候一定不能做的三件事

粉丝困惑 艾老师，我跟前任分手快一个月了，好难受。求了她好久，她就是不同意复合。可我忘不了她，还是想挽回她，我在微博上发了很多难过的话，不知道她能不能看到。我看她的头像已经把原先的合照换成了她个人的照片，我很想挽回她，我该怎么做才能不引起她的反感?

艾弥儿解答 可以告诉你，刚分手还是处于一个比较容易挽回的阶段，挽回其实有很多办法，如果你真的想挽回，你一定不能做下面这三件事，否则之前的努力就都白费了。

第一，放低姿态，满足对方所有要求。简单地讲，就是只要她不离开你，你做什么都可以，这是绝对不行的。对于这种情况有个很难听的词叫“跪舔”，如果你姿态放得太低，首先你的人格魅力就没了，你想再吸引对方的可能性也不大。你一直无底线地满足对方，对方可能就会一次又一次地践踏你的底线，终有一天你会无法忍受从而爆发；还有一种可能性，在恋爱时一方低姿态的情况在婚后反而会扭转，低姿态的那方会忽然觉得自己翻身做主人了，就会有一种类似报复的心理，对对方的态度非常不好，经常会有出轨、家暴这种情况发生。所以，亲密关系里两个人一定要平等相处，挽回也是一样。

第二，不要再发过多信息或频率过高地给对方打电话。对方既然提出分手，可能就是想要静静，在她想静静的时候你偏偏不让她安静，不停地打电话骚扰，对方会很反感，她就会选择屏蔽你、拉黑你。她要是没拉黑你，你还能知道她的动态，并根据她的动态做出一定的行动。比方知道她最近生病了，可以关心她；她最近事业上遇到挫折了，你可以听她倾诉，必要时给她一些支持——这些都是你挽回感情的好时机。可是对方一旦把你屏蔽或者拉黑了，你连获得这些信息的渠道都没了，就更加难以挽回。

第三，当对方提出分手以后就不要再对她说甜言蜜语，或者是自己沉浸在回忆里。甜言蜜语只有在感情浓度高的时候，两个人才能觉得特别甜蜜。感情浓度低的时候，对方已经不是恋爱状态，就觉得很肉麻，甚至觉得不舒服、恶心反胃，不利于挽回感情。

没完没了的电话骚扰最烦人了。

挽回什么呀，天涯何处无芳草啊！

他想要静静，可惜你不是静静！

忘记一个人，要么时间，要么新欢；忘不了一个人，要么时间不够久，要么新欢不够好。

我不知道该说什么，我只是突然在那一刻很想念她。

——《开往春天的地铁》

Q25 什么情况下要挽回，什么情况下要放手

粉丝困惑　我跟我女友相恋三年，我24，她27，姐弟恋，双方父母都反对。但我们坚信彼此是对方要找的那个对的人，一直在坚持，两个人都在努力。去年10月，我去了外地工作，聚少离多，她可能压力挺大的，就在上个月，她跟我提出了分手，说自己太累了，好聚好散之类的，我就感觉跟晴天霹雳一样。现在两个人处于一个很尴尬的时段，我也不知道该怎么办？我该继续坚持还是挽回？

艾弥儿解答　情侣相处的时候可能经常会发生一方要分手的情况，有些是假性分手，有些是真的分手。

什么情况下是假性分手需要挽回呢？当分手是对方在情绪化状态下提出的。比如两个人因为一点小事吵起来，吵架过程中愤怒的情绪不断升级，最后可能某一方摔门而去等，这种愤怒的情绪；或者某一段时间内，其中一方因为工作太忙等，给不了对方足够的关怀时，她会很失落，会冲动地提出分手，这种情况下的分手也是情绪化产物。这种时候就一定要挽回，而且是拼尽全力去挽回，不要因为面子放不下而死撑着，这样你很有可能就真的错过了对方。根据题主描述，我判断它就是刚才说的这类情况，所以我建议你还是好好挽回。

那什么情况下要放手呢？两种情况。第一种：你能感觉到对方的确经过深思熟虑，才决定要跟你分手。“恋爱容易，婚姻不易”，谈谈恋爱容易，但如果想要走入婚姻或者保持一段长期稳定的亲密关系。除了爱情以外，还要考虑很多因素，比如对方的物质条件、能力、性格、人品、家庭，等等。当一段关系发展到一定程度，两个人都会思考这些综合的要素，如果思考结果是“不适合在一起生活”，那对方可能就会生出分手的念头。这时候提出的分手通常比较平静，提出分手的那方可能没有最初那么热情了，慢慢地你们的互动也越来越少。最后女方可能会说“父母不太同意我们两个在一起”，男方可能会说“我觉得你这么优秀的女孩应该找一个更好的男人”，等等，这种情况即使你想挽回，恐怕也比较难。

还有一种情况：对方有了更好的替代选择——新欢。这种情况下，对方通常也是先疏远双方的关系，但会有一些迹象表明他其实并没有对恋爱失去信心和热情，比方说他跟你很疏远，但是他整个人的状态非常好。他经常会去参加一些新的，你不知情的社交活动，或者他突然有了一些新的兴趣爱好，突然有了一个新的生活圈子，也变得非常注重打扮，朋友圈也经常秀自己的照片状态，等等。这种情况他基本上对你们之间的这段关系就已经不报任何希望了，因为他已经有一个潜在的对象，要开始一段新的关系了。这个时候，你要想挽回，恐怕就难上加难。如果是以上这两种情况就尽快放手，去追求更好的那个人。

感觉你的情况就是艾弥儿姐姐说的深思熟虑的了。

闹情绪分手说多了，就容易变成真的了。

题主还是回来工作吧，“异地”加“姐弟”让恋情变得难上加难了！

双方父母都反对，在一起也很难相处的。

如果我走了，你会像马达一样去找我吗？会。

会一直找吗？会。会一直找到死吗？会。

——《苏州河》

Q26 女人到底是爱你的人还是爱你的钱

粉丝困惑　我是一个宅男，长这么大，几乎没有什么朋友，更别提女朋友了。现在我28岁了，一次恋爱也没有谈过。前段时间，家人给我介绍了一个女生，最后也没成。后来我仔细想了想，觉得她是因为我家庭条件不太好才不跟我好的。唉，女人到底是爱钱还是爱人噢？

艾弥儿解答　其实，我经常听到男粉丝们有这样的疑问，都说："现在的女生都太现实了，谈恋爱主要是看重你的物质条件，想要找一个只爱我的人的女生，恐怕再也找不到了。"

这种情况下，我只想说两点：

第一，作为社会中的一员，你的物质条件和社会地位，都是你这个人不可分割的一部分。有一句很流行的话——"一个人的气质里藏着他所有读过的书，走过的路，所有的阅历和成长。"这句话其实也可以换种说法：你的物质条件里藏着你所有读过的书，走过的路，所有的阅历和成长。

你当然也可以说一个人内在的东西，比如才华、性格、人品等，才是最重要的。可是在这样的社会中，如果你真的才华横溢，性格和人品也非常好，那么你的物质条件也不会太差。

所以，不要把物质条件和你这个人完全割裂来看。

第二，如果她真的是很现实的女孩，嫌弃你物质条件不太好，选择离开你，那你可以继续再找其他的女孩。如果你碰见的所有女孩都觉得你物质条件不够好，而没有选择你，这时候你可能需要反思自己，想想自己是不是有一些需要提升的地方，尤其是在事业、物质方面。

毕竟现实世界就是这么残酷，你改变不了世界，就只能改变自己。女生的眼睛是雪亮的，如果她们全都不选择你，而你又着急结婚，娶妻生子，那你就要开始改变自己。

追女孩不光是技巧的问题，还有一个你自身条件和实力的根本问题。所以，不要整天想着谈情说爱，发展自己才是硬道理。

我倒是想知道，你是怎么判断出来她是因为你条件不好而不跟你好的。

你确定不是因为你丑?

看来我得开始改变自己了。

如果没钱，那你一定得长得帅。

好多男人自己不努力上进，还说女生物质。生活不就是柴米油盐嘛！

有的人浅薄，有的人金玉其表败絮其中。有一天你会遇到一个彩虹般绚烂的人，当你遇到这个人后，会觉得其他人都只是浮云而已。

——《怦然心动》

Q27　女人穿什么样的衣服才能吸引男人

粉丝困惑　我从小到大都是个假小子。小时候我家就希望能生个儿子，结果生出了我这个女儿，本身就不讨喜。我妈为了让我爷爷奶奶能喜欢我一些，就总将我打扮成男孩的样子，导致我青春期时也一直是短发，后来上大学了，别的女孩子都美美的，我却还是跟男生一样，毫无魅力可言。我要怎么改变一下，才能让自己吸引到异性的目光呢？

艾弥儿解答　先给大家讲一个故事，有一个老板要招人，有三个女性候选人，他对这三个人问了同一个问题：二加二等于几？第一个候选人脱口而出："二加二等于四。"第二个候选人想了想说："二加二在正确的情况下等于四。"第三个候选人就一脸笑眯眯地说："老板，您说等于几就等于几。"面试完，人力资源的员工过来问老板：录取哪个？老板想都没想就说："就要那个穿黑色紧身衣的！"

别看这就是个小笑话，但里边蕴含着生活中的两个道理：第一，人都是感性动物，我们的感性很多时候会战胜理性。我们喜欢谁就会选择和谁一起工作。第二，男人到底喜欢穿成什么样子的女人？女人究竟打扮成什么样才会吸引男人？其实无非就是要性感，性感在大多数情况下就代表着你要穿得像个女人，像个传统审美下的女人。比如穿紧身衣，修身的衣服，可以突出你的S形曲线和腰臀比的衣服。

调查显示，最吸引男人的黄金腰臀比是0.7，这种腰臀比的女人能更好地生育和繁殖下一代。从古至今，男人这种本能偏好其实都没有改变过。

反观我们女人，在决定自己穿什么的时候考虑更多的是时不时尚，能不能凸显自己的个性，或者这件衣服是不是流行的大牌。但其实绝大部分男人根本不知道什么是时尚，而且不论是你穿的衣服，背的包还是戴的首饰，他根本分不清是什么品牌。

有时候你打扮得太时尚，反而会让他觉得你有距离感，遥不可及，甚至有些男人会在心里算计你这一身打扮得花多少钱？考虑下自己能不能养得起你。

女人啊，如果你穿衣打扮是为了取悦自己，那你可以时尚一点，个性一点，大牌一点，想穿什么就穿什么。但如果你想要吸引异性的目光，那么性感、紧身、修身就是你的正确选择。

是手机不好玩儿还是酒不好喝啊，为什么要去取悦男人？

你可以先把头发留长再说。

黑丝加高跟就是我想要的女人。

白衬衫和牛仔裤也不错的呀!

时尚并不是为了实用性。

——《穿普拉达的女王》

Q28 如何区分男人是在撩你还是真心喜欢你

粉丝困惑　艾老师，我跟他是在网上认识的，聊了两个多月吧，在这期间，他会对我各种嘘寒问暖，有时候甚至会跟我打一整晚的电话。但是他给我的感觉就像是一个情场老手，有时候动不动就说那种很骚的情话撩拨一下我，有的时候还会说那种18禁的话题。你说他是喜欢我吗？我该怎么判断呢？

艾弥儿解答　国外有一门专门教男生怎么跟女生搭讪的课叫pick up artist，就是PUA。它会教你一些技巧，目的是建立长久稳定的亲密关系。但是教程发展到中国就被很多无良商家改制利用，变成了一部“骗炮宝典”，教男生用各种欺骗伪装的手段，以跟女孩短时间内发生关系为目的来撩妹。

这种男生一般会在朋友圈发一些显得自己高大上的照片，比如在五星级酒店的落地窗前，端着一个红酒杯，看着下面缓缓流过的江水，看上去他就像一个精英男。但这类取景地实际上是教程学员们AA制承包的一个专门用来拍照的房间。

教程里还包含一些微信上的话术，都是让你一步步自愿陷进去的套路。他们甚至会利用某些心理学原理，去影响甚至控制女生。比如告诉男生刚见面的时候约在什么样的私密空间，什么样的灯光下女孩最容易不设防，甚至包括告诉男生动手动脚时要先摸哪后摸哪，等等。

说实话，男生千万不要去学这些，如果你真心想追求女生，与她建立一个长久的亲密关系，就一定要坦诚相待。看多了骗炮教程，可能什么样的女人你都能撩到，但你会慢慢发现你再也没有办法去信任女人，你会逐渐变得爱无能。我身边就有这样的例子，他现在感觉自己无法真正爱上任何人，变得特别痛苦。

对于女生，如何识别这种套路就变得特别重要了。

第一，女生也要学习一些类似的教程，或者读一些相关的书，你至少得知道他们的套路是什么样子。知己知彼，百战不殆。而且追你的男生多少会表露出一定的耐心和诚意，他至少会明确地提出来让你做他的女朋友。如果他只是在微信里甜言蜜语，暧昧不清，那基本上都只是想撩撩你罢了。

第二，找男朋友的场合和场景很重要。身边亲朋好友介绍或者在工作场合认识的男生，相对就比较靠谱。网上或者酒吧、夜店、迪厅认识的，恐怕就没那么靠谱了。正常情况下，谁会想去夜店里找老婆呢?

第三，最重要的是，一定要建立一套自己的原则。不管你遇见一个多么让你心动的人，不管对方看上去对你多么好，你一定要坚持自己的原则。这些原则应该包括了解对方到什么程度，以及相处到什么阶段才可以确立恋爱关系，或者对方对你付出多少，表示了什么样的诚意，你才能够以身相许，等等。当你的原则帮你把握好交往的节奏时，你就不容易被对方套路了。

我跟我女朋友就是网上认识的啊，我俩都快结婚了。

我报了PUA，咋还是没有泡到妹？

傻子才会在夜店里找老婆吧！

女生要好好保护自己，不要轻易被扑倒！

生个女儿好操心啊！

有些人注定是让你成长的。

——《前任3》

Q29 怎样把握恋爱的节奏，才能把自己嫁出去

粉丝困惑　在我31岁的时候，他跟我分手了。我跟他是在我第一份工作的时候认识的，在一起将近八年，最后还是分手了。我内心真的非常后悔，当时在一起一两年的时候，他向我求过婚，但我没答应，我觉得我还没做好准备，不想那么早结婚。结果等到八年了，都熬过七年之痒了，却分手了。艾老师，我想知道到底要怎么做才能和对象走到最后，我都付出了八年的青春为什么还是以失败告终？

艾弥儿解答　一般女性的黄金择偶期是22岁到30岁，所以对于女性而言，谈恋爱的节奏确实应该把握好。我说说我的几点想法。

第一，恋爱不能在手机上谈，要在现实生活中谈。通过手机聊天来关心你、爱护你这件事既不需要花时间，也不需要花精力，他跟你聊天的时候可能也同时在跟其他女孩聊。

第二，如果你是以结婚为目的去谈恋爱，那么从第一次见面到发生关系，至少要有三个月到半年左右的时间。这样可以考验男生的耐心，他的耐心表示他对你有“长择”的意愿。如果一个男生只是想撩你，他是没有半年左右的耐心去等你的；但如果他真的想娶你，就会等下去。男生虽然都说自己喜欢好上手并且风情万种的，但是他们真

正要娶回家的，永远是那个保守、不太随便的女生。

第三，等到在一起一年左右，你们就要开始谈婚论嫁，为婚姻做准备工作了。要开始讨论在哪里生活，是不是要买房，房子写谁的名字，需不需要有彩礼等问题。

第四，争取在两年之内完婚，这是比较合适的恋爱到结婚的节奏。

我同时也建议在结婚之前，最好不要同居。因为当男人精神上有人陪伴了，生活上有人照顾了，生理需求也有人解决了，他就没有马上和你结婚的迫切需求了。

有人可能会怀疑说："既然同居以后他荷尔蒙都不那么旺盛了，那结婚之后不是也这样吗？"

这是不一样的，恋爱中的很多问题在婚姻里根本就不是问题。

前两天和朋友聊起结婚多年以后，如果两个人已经没有夫妻生活，这时你会称这种感情叫亲情，它不会影响你的婚姻稳定。但如果在恋爱期间两个人对彼此没有任何欲望，那这个恋爱很有可能是要谈崩的。

很多在婚后不是问题的问题，在恋爱期间就成了问题。恋爱状态和婚姻状态中，我们对彼此的期待以及分手成本是不一样的。

真正想结婚的女孩子一定要记住，人生的黄金择偶期很短，可能只够你谈两到三段严肃认真并且以结婚为目的的恋爱。切记，恋爱千万别耗太久，要把握节奏。

结婚以后没有性生活，怕是要离婚咯！

年轻的姑娘别挑了，都来找我吧！

有接受不结婚只同居的女生没？请联系我！

女生的恋爱节奏也得男生配合好才行。

凡是无功而返的感情，碰都不要碰，不要把自己活成别人用来炫耀的笑柄。

——《恋爱先生》

Q30 如何判断男女之间到底是纯友谊还是精神出轨

粉丝困惑　艾老师，我老公有个挺要好的女同学，她时不时会往我们家买点水果啥的，我老公有时候也会给她发红包。而且从他们高中毕业起，我老公和她的高中合影在手机里存了七年，中间怎么换手机都没有换掉照片。他跟我一直都解释他和这个女同学只是单纯的铁哥们儿，照片是因为这是他们高中的唯一一张合照，挺宝贵的，所以一直留着。我怎么才能知道他说的是真是假？

艾弥儿解答　其实很多人在拥有一段稳定的婚姻或者恋爱关系之外会有很要好的异性朋友，如果是纯友谊，那我们还是表示支持的。毕竟人不只需要爱情、亲情，也需要友情，而且友情也是很美好的。

但是纯友谊和精神出轨，这两者之间是有明确界限的。如果是精神出轨，肯定会危及现有的亲密关系。区分纯友谊和精神出轨，可以通过以下这五个问题来判断。

第一个问题：对方的这一段友谊是秘密的吗？他是否会主动跟你说有这样一个异性朋友，他们之间的见面、行程和话题等，都愿意跟你主动交代吗？还是你某天突然才发现他们两个保持着这样的友谊关系，甚至是已经超越了这种友谊关系的？

第二个问题：当你问起他们的交往细节时，对方是乐意回答你，还是一直在回避这个问题？如果你一提，他就表现得很不耐烦，甚至反问你“你这是不信任我吗？我们之间根本就没什么”，或者直接用三言两语就敷衍了事，那你需要好好考虑下他们之间的关系了。

第三个问题：对方跟异性朋友的交往中有没有一些触犯你底线的行为？每个人都有底线，比如你觉得如果她只是他的朋友，就不要把她介绍给家人或者亲人认识，最好也不要带进你们的朋友圈；或者，他们两个可以偶尔吃个饭聊聊天，但不能一起出差或者一起去另外一个城市，这些都可能是你设定的底线。对方是选择遵守你的底线还是根本无视你的底线呢？

第四个问题：当你和他之间发生争执或者冲突的时候，他会不会拿你和这个异性朋友做对比？比如当你对孩子没有耐心的时候，他是不是会有意无意地就说你看谁谁谁，人家教育孩子怎么那么好？或者当你表现出情绪失控以及暴露某些缺点时，他会不会拿你的缺点和不足跟这个异性朋友的优点做对比？在亲密关系中，这种行为叫做消极对比。如果存在消极对比，这可能是他和这位异性的关系已经超越了你们之间关系的一个信号。

第五个问题：当你要求对方彻底中断和这个异性朋友的联系时，他能否做到？难免会有这样的一些情况，不论是吃醋还是一时的不高兴，你可能会提出这样的要求，暂且不说要求是否合理，如果对方真的把你们两个的亲密关系放在第一位，他一定会同意你的要求。

这五个问题，大家可以自问或者询问并且判断一下，确认下他们真的只是男女之间的纯友谊，还是已经超越了友谊开始往精神出轨的方向发展。

你看你头顶长得像不像一片绿油油的草原?

这妥妥的出轨啊，照片留了七年!

精神出轨也不可怕，怕的是肉体出轨。

我觉得只要问一个问题：上床了吗?

喜欢的歌静静地听，喜欢的人远远地看。

——《我要我们在一起》

Q31 什么样的对象能最终和你走入婚姻

粉丝困惑　艾老师，我跟我男朋友在一起半年了，我心里还是很没有安全感。总觉得他给人感觉很不稳定，我想在相处一年左右的时候就结婚，但每次我提到结婚这个事情，他就转移话题，我实在是搞不懂他了。他难道是不想跟我结婚吗？

艾弥儿解答　斯滕伯格的爱情三角理论里提到，一段良好持久的亲密关系需要具备三个要素：第一是激情，身体上对彼此的渴望；第二是情感上的亲密感和连接，更像是心理上对对方的渴望；第三个就是承诺，也就是要有长久维持这段关系的决心，是一种理性思考后的选择。

大部分情侣开始的时候是因为激情和亲密感而选择在一起。双方可能还没有互相给予完全的承诺，可能是因为觉得互相了解还不够，可能是觉得各方面条件还不成熟，也有可能是在等待是不是还有更好的人出现，也就是“骑驴找马”。

如果出现以下几种表现，那就说明你正处于一个没有完全承诺的亲密关系之中。

第一个表现：当遇到一些小小的挫折和困难的时候，他会降低对你的亲密感，借口一般都是最近工作忙，身体有点不舒服，有点压力，等等。这表示他正在减少对这段亲密关系的支持和投入。

第二个表现：在一段没有完全承诺的亲密关系里，他对外展示的状态永远是感情上他并没有完全稳定下来，其他异性还是有机会的。如果在婚前你发现对方跟其他异性往来亲密，虽然这并不是真正的出轨，但你也得谨慎考虑下你们之间的关系了。

第三种表现：结婚是需要完全投入和承诺的事情，如果对方对于结婚总是吞吞吐吐、支支吾吾、一再推脱的态度，也不去积极主动地推进这段关系，也没有主动提出现实中的困难和解决这些困难的想法，那你也要慎重考虑一下这个人。

在这种“不完全承诺”的情况下，即使结婚了也可能会出现问题。当一方面临一个更好的选择，比如职位的晋升，他可能会把这个机会放在第一位，甚至去异地，去选择这份工作，而不会把这段亲密关系放到第一位。

或者更严重的情况，当他碰到一个更好的人，由于他抱有这种不完全承诺的态度，就会出现背叛或者出轨。所以，在一段亲密关系里，完全的承诺，也就是长久在一起的决心和态度是非常非常重要的。

很多调查也表明，一段婚姻能不能长久下去，最重要的就是决心和态度，因为所有的婚姻都不是一帆风顺的。大家在找另一半的时候，一定要找一个能给予你完全承诺的人。

他们一般都有以下几个共性：第一，遇到困难会知难而进，而不是知难而退；第二，他会让所有人都知道他在感情上已经安顿下来了，不会给其他任何人任何机会；第三，他会积极地把你们的关系放在首位，主动推进结婚的进程。

现在这样的爱情太少了。

现在的爱情都是始于激情，终于激情，哈哈！

打扰一下，我单身30年了，有人愿意跟我闪婚吗？

人生无常，承诺说出来很容易，坚守起来很难。

我想结婚啊，可是女方家要的彩礼太高了，我给不起。

承诺是男人给女人的定心丸。吃了安心，虽然这定心丸的药性有待考证，但女人都希望吃了再说。

——《好想好想谈恋爱》

Q32 爱情里真的一认真就输了吗

粉丝困惑　艾老师，为什么我对对方爱得越深，越是百依百顺、无条件无原则付出，越容易被抛弃？反而是那种可有可无，吊儿郎当，有一搭没一搭谈的，对方反而不会离开我。是不是真的像有人说的，在爱情里一认真你就输了呢？

艾弥儿解答　虽然我们都说爱是无条件的，但在当今现实的商品社会里，我们不得不承认，很多爱情是有条件的。在婚恋市场上，每个人都有自己的价值，价值取决于很多因素，比如你的外在形象、内在才华、性格、人品，又比如你的事业、收入、社会地位，等等。

每个人内心都想找一个至少跟自己旗鼓相当或者条件比自己要好的人谈恋爱。所以你说的能让你倍加宠爱，无条件地去付出，百依百顺的肯定都是条件比较好的女生，甚至是女神级别的。这种条件的女生在婚恋市场上选择更多，所以即使你不停地付出，长久来看，只要她碰到更好的选择，或者说她一旦比较现实地看待这段关系时，她很有可能选择放弃你。

另外一种你吊儿郎当、有一搭没一搭去相处的对象，通常可能条件都没那么好，或者没有你好，所以即使你对她疏远，恋爱中做得不够好，她也舍不得离开你。

这不是认不认真的问题，而是一个硬实力的问题。提升自己各方面的条件和实力，谈一场旗鼓相当的恋爱，才更容易长久。

癞蛤蟆总想吃天鹅肉。

服了服了，原来大家都这样！

可惜天鹅只有那么几只，癞蛤蟆却千千万。

太现实了，都不想谈恋爱了！

你以为我贫穷、相貌平平就没有感情吗？我向你发誓，如果上帝赋予我财富和美貌，我会让你无法离开我，就像我现在无法离开你一样。虽然上帝没有这么做，可我们在精神上依然是平等的。

——《简爱》

Q33 约会多次，女方还不愿意发生关系怎么办

粉丝困惑　我跟我女朋友都快交往一个月了，她还是不愿意跟我有亲密接触，不愿意跟我发生关系，我该怎么办？怎么才能把她征服呢？

艾弥儿解答　我从两个角度来回答你。

第一，通常女生需要一段比较长的时间来确认自己的感觉（自己喜不喜欢这个男生），而男生更容易一见钟情，见到女生可以立马心情澎湃，陷入爱情。据一个英国的调查数据表明，平均来讲一个女生至少需要六次单独的约会和接触，才能确认自己对一个男生有没有感觉。所以，女生相对是比较慢热的，你要耐心一点。

第二，当女生真的想认真跟对方开始一段亲密关系的时候，她会非常在意你有没有长择的意愿。她需要确认你是不是真的想跟她在一起结婚生子，一路走下去。她会观察你，甚至用一段时间来考验你对她有没有耐心。

回到问题核心——对方还不愿意发生关系该怎么办？其实，你不如问问自己，你想跟她长远发展还是短期发展？如果是长远发展，建议你再耐心一些。如果你只是想短期相处一下，那建议你设立一个标

准，比如见过三次面，或者一个月之内没有达到目的，就迅速放弃，立马换人。这样的态度也无可厚非，因为这个问题本质上就不是一个技巧方法的问题，而是一个态度的问题。

我的天，你这是约炮吧？

没达到目的就换人吧，总有人会跟你一样，只想睡一觉的，哈哈哈！

题主你也太渣了，你脑子里只有性吗？

既然爱了，就要等得起。

等吧，等到天荒地老，她自然就从了。

两个人一起是为了快乐，分手是为了减轻痛苦，你无法再令我快乐，我也唯有离开，我离开的时候，也很痛苦，只是，你肯定比我痛苦，因为我首先说再见，首先追求快乐的是我。

——张爱玲

Q34 怎样确定对方到底爱不爱我

粉丝困惑　艾老师，我感觉我男朋友对我忽冷忽热的。他有的时候对我好，有的时候对我又没那么好，他这样到底爱我还是不爱我呢？到底哪些行为才能让我确定他是爱我的呢？

艾弥儿解答　真相有点儿扎心哈，当你不确定他爱不爱你的时候，当你感觉他没那么喜欢你的时候，其实绝大多数情况下，你的感觉都是对的。

爱一个人是藏不住的。

进行一下简单的换位思考，假设你特别爱一个人，你是不是会希望对方能感受到满满的爱意？在言语表达上，你会不断地表达你有多爱他，让他心里充满确定感和幸福感。在行为上，你会关心他、体贴他，你会为两个人的未来作长远打算，你想跟他结婚生子、白头到老，你会创造一切条件，一步一步朝着这个方向走，同时在这个过程中，你会邀请他参与，比如你们计划婚姻、旅行、买房、买车，等等。做到这种程度，对方不可能还会纠结你爱不爱他的。

换位回来，当你不确定对方是否爱你，或者感觉他没那么爱你的时候，其实对方真的就是没那么爱你。你之所以提出这样的问题来寻求答案，甚至费尽心思找一些蛛丝马迹想证明对方是爱你的，也只是因为你舍不得放下这段感情罢了。答案虽然有点扎心，但是建议大家在这种情况下能够诚实地面对自己的内心，做一个决断。

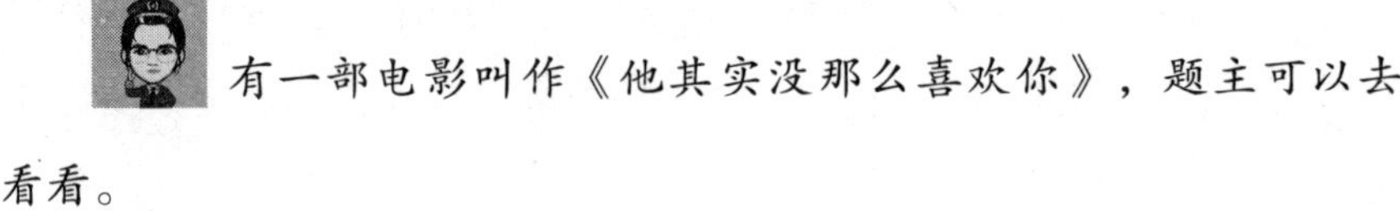
有一部电影叫作《他其实没那么喜欢你》，题主可以去看看。

我掐指一算，他女朋友应该不止你一个。

骑驴找马！

一首莫文蔚的《他不爱我》送给你，朋友！

真正喜欢你的人一定不会让你费尽周折去找他——因为他会主动送上门来。

——《他其实没那么喜欢你》

Q35 为什么我谈了很多段恋爱，还是遇不到对的人

粉丝困惑 艾老师，我又失恋了，怎么办啊？我怎么老是失恋？我都已经谈五次恋爱了，每一次时间都不长，谈着谈着就分手了。什么时候我才能遇见自己的Mr.Right啊？

艾弥儿解答 很多人认为爱是一个对象问题，觉得只要遇到那个最适合的对象，一旦找到特别契合的灵魂伴侣，一切问题就都能解决了。一旦恋爱不幸福，那就一定是现在这个人不好，就会抱怨和指责，女的说对方是渣男，男的说对方是心机婊，等等，不停地换人寻求解决方案。

但其实爱情是一个与能力有关的事情，不完全是一个对象问题。弗洛姆的书《爱的艺术》，就讲述了爱其实是一种艺术，是一种需要你不断去练习的能力。它是一个需要积极去行动的能力。比如你能不能去关心，尊重对方？能不能对这段感情、这段婚姻尽该尽的责任？

如果你觉得这是一个关于对象的问题，那就相当于是你现在想画一幅漂亮的画，但又不想付出时间精力去练习自己的绘画技巧，因为你觉得只要遇到让你特别想画的对象，美丽的风景或者美丽的少女，

你天生就能画好这幅画一样。

在一段关系里，如果你不太幸福，或者你经历了几段恋爱，都是没有结果，在选择埋怨和指责对方的什么不足之前，不如先好好思考一下自己是不是有爱的能力。

能在短时间内谈五次恋爱，题主应该颜值很高，鉴定完毕。

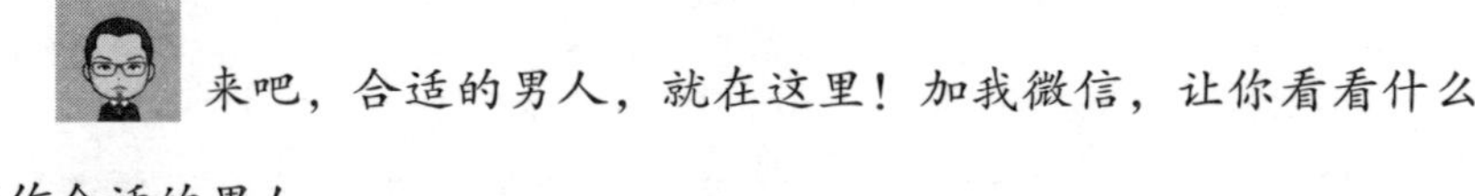来吧，合适的男人，就在这里！加我微信，让你看看什么叫作合适的男人。

妹子，我看你是被骗了五次炮吧？

“灵魂伴侣”的童话害了不少人呢。

没有完美的对象，《圣经》上说了：爱是恒久忍耐，恒久包容。

再平凡普通的事情，一旦与你相关，我就相信是天注定，因为在庸碌琐碎的一生之中，我宁可所有好运气都是被用来遇到你。

——《志明与春娇》

Q36 如何在短时间内找到对象呢

粉丝困惑　我在朋友圈说我恋爱了，结果评论质疑声一片！他们越质疑就越刺激到我，我想最快时间内把这个谎言变成现实（我没谈过恋爱）。希望艾老师能教教我怎么快速找到对象！谢谢！

艾弥儿解答　第一，多接触你能接触到的适龄的异性，包括社交软件上的好友、社群里的异性朋友。你要主动地去聊天，展示自己也了解对方。现在很多年轻人都很宅，周末就叫外卖，打游戏，等等。可是，一个人在家里是永远碰不到另一半的，所以一定要多出门去参加朋友聚会、兴趣小组、读书会或者体育运动，等等。在这些场合里就很有可能会碰到另一半，也许正好兴趣相投，以后相处起来也轻松很多。

第二，发动你所有的社会关系网。你的亲朋好友、同学同事等，告诉他们，你真的很想找对象，让他们有认识的合适人选通通介绍给你，让天下人都知道这件事，都来帮你找对象。

第三，这也是很重要的一点，不要推三阻四。你要跟不同的人多接触，慢慢地了解对方，培养感情，不要上来就把对方全盘否定。

第四，你的另一半不知道会在什么时间什么地点突然就出现了，也许在地铁上，也许在电梯里，甚至是街角的咖啡厅，所以你时刻都要准备好，一旦碰见自己心仪的异性，最好就过去搭讪，索要联系方式，等等。

总之就是要重视这件事，在这件事情上花足够的时间和精力。我看到一个数据说每周至少要花六个小时以上的时间，去接触合适的潜在的异性对象，否则的话想找对象就仅仅是说说而已，自然也不会有什么结果。

虽然找对象是由实力决定的，短期内实力没办法迅速提升，但有一些谈恋爱的技巧、沟通的技巧，还是可以短期内学习提升的，如果感觉自己在这方面需要提升，也可以去学习一下。

寂寞空虚冷啊！

我就想问，怎么搭讪成功率更高？

没对象也要在朋友圈假装有，服气！

我以过来人的经验提醒你：靠社交软件谈恋爱，不靠谱！

一个人也挺好的啊，为什么为了和别人赌气非要去谈恋爱呢？

人生总有许多巧合，两条平行线也可能会有交汇的一天。人生总有许多意外，握在手里面的风筝也会突然断了线。在这个熟悉又陌生的城市中，无助地寻找一个陌生又熟悉的身影。

——《向左走，向右走》

Q37 谁能准确预测你恋爱的成败

粉丝困惑　本人女，18岁，闺密是从小到大关系很好、一起经历很多的女生，一路从矫情走到成熟，彼此讲话一直很直接很不客气，有时说话即使很难听，双方也都能接受。她很不喜欢我现在的男朋友，她说我男朋友净玩儿虚的，我还异地大老远去看他，还说他只是为了和我上床。其实我自己觉得和男朋友是有长远打算的，在一起六个月了，也差不多到了发生关系的时候了（闺密一直不支持婚前发生关系，而且有点“外貌协会”，经常会说他丑），搞得我现在有些动摇，不知道该怎么办才好、谈恋爱这件事要不要听闺密的意见啊？

艾弥儿解答　通常人们总说日久见人心，随着你们相处的时间长了，彼此的了解越来越深入，你对这段亲密关系的未来走向预测也更有把握一些。

但其实很多研究表明：“随着两人相处时间的增加，自以为很了解对方的这种自信很有可能是一种盲信。”亲密关系发展到后期，很多信息都是你抓取来验证最初你对对方形成的印象的。比如说刚认识的时候你认为他是一个特别温柔的男生，之后的很多时候你都会抓取他温柔的一面来验证最初的印象。所以，即使你们相处了六个月，你对你们两个未来关系的预测也不见得是准确的。

那么，有没有人能预测得更准确一些呢？其实就是当局者迷，旁观者清。有数据表明：恋人的父母和朋友对一段恋情的预测要比恋爱中的双方要准。其中有一个预测非常准，就是恋爱中女方的闺密。如果闺密看好这段感情，那么这段感情开花结果的概率就非常大；如果闺密不看好这段感情，那失败的可能性就非常大。

所以，当我们真的想知道一段关系以及它未来的发展方向时，我们不能光凭自己的感觉去判断，多听一听家人或者朋友这些旁观者的意见总是好的。

看来以后送礼得送两份，一份给女友，一份给女友闺密！

18岁就谈什么长远打算，妹妹你还没长大！

我恋爱的成败居然掌握在女友闺密手中，厉害了！

异地的话如果总是你去看他他不来看你，明显诚意不够啊！

闺密不是嫉妒你吧？

遇到渣男要走开，不要浪费时间。

——《闺密》

Q38 当女孩发信息问“在干吗”的时候，应该怎么回答

粉丝困惑　我今年29岁，过年的时候，嫂子给我介绍了一个女生，是我嫂子的大学同学，我俩感觉还算挺投缘的，就是我这人嘴笨不怎么会聊天。然后吧，我觉得这女生应该对我挺有意思的，因为她经常问我在干吗，但是我每次都不知道怎么回答，直接回复我在干吗以后吧，就没啥话题了，干瘪得很，我该咋办呢？

艾弥儿解答　如果女生给你发“在干吗”“在吗”“在忙吗”或者只发一个表情符号，大体都是一个意思，表达出她三个层次的需求：

第一个层次：她在向你表达她想你了，你有想她吗？

第二个层次：为什么你这么久都没主动跟我说话？

第三个层次：我想跟你聊聊天。

一个高情商的男人在回答这个问题的时候，就会照顾到这三个层次的需求，回答必须包含“我也在想着你”“我一直想着你却没有主动联系你的原因”的意思，比如你可以回复说“刚才在开会”或者“刚才开车见客户，但心里还在想着你，收到你的消息，特别高兴”，等等。或者也可以说：“我一直在等你的消息，刚才想给你

发，但是我担心你在休息，怕打扰到你。”这样，你就满足了前两个层次的需求。接下来，如果想把话题继续聊下去，一定不能发出简短的回应，说什么在打游戏、见客户、看电视……这就很难聊下去，一定要给出一些你正在做的事情的具体细节。

比如你在打游戏，但可以说“我发现了一个游戏特别好玩，下次我们一起玩啊！”看电视可以说“好无聊啊，周末我们两个去看电影吧！”这样女生可以顺利接下你抛出的话。

还有一种比较好的方式，在表达了你对她的思念之后，可以反问她：“宝贝，你在干吗呢？”这样也给予了她想要表达自己的机会，有来有往，一举两得。

如果碰上你确实不方便跟她聊的情况，你就要尽可能地用语音简短地解释下，比如：“我现在正在开车不太方便，还有四十分钟到达目的地，到时候联系你哦！”或者：“我现在正在开会，四点钟就结束了，到时候我联系你。”不论长短，只要让她心里觉得踏实就可以。

女人真的是麻烦得要死。

她这么说就是想你了，最好的回答就是立马出现在她身边！

请问嫂子还有多余的大学女同学吗？

男生问“在干吗”通常就是“约吗”。

当你不能控制别人，就要控制你自己，赛车和做人一样，有时候要停，有时候要冲。

——《情人》

Q39 相亲的时候要注意些什么

粉丝困惑　我32岁了，算是大龄剩男了吧。人到中年，越活越蠢，越来越不会跟异性相处。算算也没谈过几次恋爱，说起来都丢脸。今年家里给安排了几个相亲，其实前几年就让我去但都被我拒绝了，其实我也累了，现在也想安心找个靠谱的姑娘结婚过日子。之前都没相亲过，所以想问问艾老师，相亲时候一般要注意什么？

艾弥儿解答　“每逢佳节被相亲”，很多人都有一点抵触相亲，觉得目的性太强，不浪漫。但你永远不知道你未来的女朋友会在哪里出现，还是要把握好每一次的相亲机会。而且长辈或亲朋好友为你安排的相亲有一个好处，他们会提前了解相亲对象的各种情况，包括家庭、成长经历，等等，通常介绍的姑娘都比较靠谱，你们的匹配度也会比较高。

所以，你要态度端正，高高兴兴地去相亲。至于相亲的时候要说什么、做什么、怎么做，给大家四点建议。

第一，女生相亲最想要的是促进彼此的了解。男生也许害怕尴尬不知道聊什么，就选择安排一些电影、打球或者参加聚会等活动。如果你想迎合女方的偏好，建议你尽量安排一个你们可以单独相处的活动，吃饭或喝咖啡都不错，你们两个能够有多点时间聊聊天，多了解一下彼此。

第二，相亲出门前，大部分女生会纠结自己要穿什么，对着镜子各种搭配，可男生往往抓起一件衣服套在身上就出门赴约。然而研究表明，第一次见面，女生比男生更看重外在穿着，也就是说，男生反而应该多花时间打扮自己，穿得简洁干净得体一些。

第三，相亲是你们双方互相了解的过程，你要尽量把自己的信息多袒露给对方，主要表现出你是一个非常上进，对未来有着清晰规划的好青年。一般女生都喜欢上进的有为青年。你可以聊聊自己的工作以及你对未来的规划。

第四，男女谈话偏好存在很大的差别，男生喜欢聊一些事实，比如当下的热点事件或者体育赛事等跟自己关联并不大的事情。但女生更喜欢聊自己的经历、感受以及自身的一些情况，所以应该多跟她聊聊感受相关的东西。比如当她跟你讲述了一件事，你可以问问她对这件事的感觉是什么。这样简单的一个问句会让她觉得你是一个特别善解人意的男人。

记得戴上你最贵的那块表。

相亲的女生上来就问我收入，瞬间没了感觉。

其实女人也挺好套路的，顺着她讲就是了。

32岁，中年，哈哈，那我已经迈向老年了吗?

我是每逢佳节“被逼婚”！

现在很清楚，我向你走去，你向我走来已经很久很久了。虽然在我们相会之前谁也不知道对方的存在。

——《廊桥遗梦》

Q40 和女孩约会吃顿饭，可以了解到多少信息

粉丝困惑　艾老师，我网恋了，对方恰好跟我在一座城市。我跟她网聊快半年了，中间想约出来见面聊聊的，但是因为各种原因吧，一直没见上。明天我们终于要见面了，我安排的行程很普通，就是吃饭聊天，可能会再去看个电影啥的。但是说实话，虽然跟她网聊这么久，其实对她不是特了解，就想通过这次约会再深入一下，想问问你，我能获得哪些有效信息？

艾弥儿解答　我一直建议恋爱可以网上认识，但一定要线下了解。和一个女孩见一次面、吃一顿饭的过程，如果你仔细观察的话，可以得到很多有用的信息。

第一，可以看她对饭店的选择。如果饭店是你选的，那就看她对菜品的选择，大体可以看出她的消费习惯。如果两个人的消费习惯差距太大，在一起生活会比较吃力。

第二，埋单时看她是否认为男人就该埋单。如果她客气地要求跟你分担一下，可以判断出她经济相对独立，不是特别依赖男人。

第三，从吃什么来看。如果她只注重满足自己口感，喜欢吃麻辣烫或者很油的东西就自顾自地放开了吃，可以看出她的偏好口味。或者她饮食比较均衡，注重蔬菜、主食和谷物的搭配，说明她对自己的

身材有严格要求。

第四，在吃饭过程中通过观察她对其他人的态度，包括对服务员的态度，对邻桌熊孩子的态度也可以大体看出她的礼貌和基本教养，包括她喜不喜欢小孩子这些信息，等等。

第五，不管吃饭时你们聊什么话题，都可以从她的状态里看出她对自己现在的生活和工作是否满意？是积极乐观还是充满抱怨和不满？对自己的未来有没有清晰的规划？

第六，也是最重要的一点，从她看你的眼神，她身体上是不是愿意离你更近一点，她对你抛出的话题回应以及感兴趣的程度，等等，通过这些方面你都可以分析出她对你是不是有兴趣，是不是喜欢你。

呵呵，这一顿饭可真是没白吃。

这顿饭，我得死多少脑细胞啊？

可怕可怕，女的也会这样观察男的吧！

哎，大家放轻松些不好吗？不就是吃个饭吗？想了解就吃两顿呗，不行就三顿！

你是十分可爱的人，真就应遇到最好的人，我也真期望我就是。

——王小波

Q41 男女对待嫉妒的反应有什么不同

粉丝困惑　艾老师，为什么在一段恋情里，女生这么喜欢吃醋，嫉妒吃醋也就算了，她还故意跟别的男人调情来刺激我，我真的很生气！

艾弥儿解答　我之前看过一个研究，说的就是男女对待嫉妒的不同处理方式。假设聚会上，一个女生暂时离开取杯饮料，等她回来发现自己男朋友正好偶遇前任，两个人还很亲密地在交谈，甚至肢体动作上都比较亲昵。女生这时候通常会不动声色，然后把自己打扮得更漂亮，表现得更温柔、更风情万种，暗地里跟他前女友较劲，想去把男朋友的注意力吸引回来。

如果男生遇上这种情况，他首先是感到自尊受到伤害，接着他会愤怒，甚至有可能喝醉了酒去公开挑衅女朋友的前男友，并且发出威胁。但还有一种更加可怕的结果，他可能为了维护自尊而去吸引聚会上其他女生的注意。所以，男女对待嫉妒的反应是大不相同的。

在现实生活中，女人很有意思，她总是试图用一些行为去引发男人的嫉妒，比如她会在男朋友面前夸大自己对其他男人的吸引力，她还会公然跟其他男人调情，甚至出去约会。但其实她的意图就是："如果你嫉妒了，你会更加关注我们之间的关系，会更用心呵护我。"这是因为她自己对待嫉妒的反应就是这样，但是男人跟女人不一样。

男人嫉妒时会通过追逐其他的女性来保护自己受伤的自尊，当女人选择这样去考验他的时候，结果很可能并不能如女人所愿，反而可能会适得其反。如果让他觉得在这段关系里，他没有安全感，女朋友也没有真正的尊重他，那他就会去追求其他人。

千万不要用嫉妒的方式来考验爱情，爱情是经不起考验的。

做我女朋友还敢跟别的男人调情，她是不想活了吧。

聚会、调情、女朋友，感觉这种生活离自己好远啊。

决斗去，我借你把剑！

妒忌是一种感情状态，如悲伤一样，可以归结为是正常的。

——弗洛伊德《图腾与禁忌》

Q42 怎么搭讪最容易成功

粉丝困惑　我上周在酒吧碰见一个特喜欢的姑娘，就上前去搭讪，结果我被她泼了一杯水。我很无奈啊！我就开玩笑地说了句："美女，你家、我家，还是如家？"我真觉得太没面子了，这都什么时代了。艾老师，难道我这样幽默一下不对吗？

艾弥儿解答　我很支持你的态度，遇到喜欢的人立马就毫不犹豫地去认识她，也就是搭讪。你是永远不会知道你女朋友会在哪儿出现的，也许在公交车上，也许在咖啡馆里，也有可能就在上下班的电梯里……这种场合错过一次就意味着错过一生。

但是搭讪要注意方式方法，通常具体有以下四种方式。

第一种，很简单地说一句："嗨，你好。"

第二种，诚恳地表明态度："嗨！你好，我是×××，第一次跟你打招呼，我有点紧张，但我真的很想认识你。"或者："你好，抱歉有些冒昧，但我真的很想跟你交朋友。"

第三种，运用幽默的开场白。前几天看到一个段子，在餐厅吃饭埋单的时候，一个漂亮的服务员过来问："先生，您看您还需要加点什么吗？"先生看了她一眼，说："我还需要加你的微信。"这其实就属于比较幽默的搭讪开场白。

第四种，比较具有挑逗性的口吻。其实就是你用的这种方式，在酒吧看见一个美女，就故作开放地过去跟她说：“这么性感的衣服应该配一杯性感的酒，你是要来一杯sex on the beach还是kiss in the dark呢？”这种方式可能男生都觉得自己特别风流倜傥。

有人专门针对这四种搭讪方式做了研究，数据表明采用前两种搭讪方式得到女性积极回应的概率是70%，采用第三种故作幽默的开场白搭讪得到女性回应的概率是24%，而最后一种挑逗性的搭讪成功率几乎为0。

虽然书上教你们一定要幽默一点，用一个跟别人不一样的方式去搭讪，才能给人留下深刻的印象。但这种书都是男人自己的经验，因为他们在酒吧或者咖啡厅的时候，如果有美女走过来很幽默或者很挑逗地跟他搭讪，他就会跟着这个美女回家。但是美女之所以能够搭讪成功是因为她长得漂亮，所以她说什么话搭讪并不重要，这样导致男人高估了幽默挑逗型搭讪的力量。

记住，下次不管在什么场合，看到心仪的女生，简单并且真诚地过去跟她问一句“你好，能不能认识一下”就OK了。

这女的也太把自己当回事了。

艾老师你好，能不能认识一下？

挑逗的那种不是搭讪，是约炮吧？

哈哈，饭店服务员那个挺有创意呢！

一直以为我跟他不一样，原来寂寞的时候，所有的人都一样。

——《春光乍泄》

Q43 什么时候才可以和女朋友发生关系

粉丝困惑　我跟我女朋友在一起一年多，一直都没那样过，平时都是靠自己解决。我们之间也没摊开说过这件事，所以我想问问艾老师，到底什么时候才能跟女朋友发生关系？

艾弥儿解答　从时间上讲，这个问题并没有标准答案，有些人可能第一次就发生关系了也相处得很好，有些人可能一年、两年，甚至更长时间都没有发生过关系也很正常，所以你们这种情况也算是正常的。

如果你想的话，可以和女朋友坦诚沟通一下你的想法，或者注意留意一下她有没有这方面的想法。我可以分享三个简单的测试方法：

第一个方法：她喜不喜欢跟你进行亲密的身体接触。身体是一个人的思想、情感和灵魂的居所。它能够非常诚实地反映出一个人对另一个人的亲密程度以及对是否接纳的态度，如果你女朋友很喜欢跟你进行身体接触，经常头靠在你肩上，喜欢跟你脸贴脸，或者总跟你紧紧地拥抱，等等，就证明她在心理上、情感上觉得跟你非常亲密，已经做好接纳你的准备了。

第二个方法：当你们约会玩到比较晚的时候，你看看她是很着急要回去还是流连忘返的想跟你多待一会儿？如果是后者，你就可以尝试提出“要不今晚就别回去了”或者“要不今晚就跟我回家吧”这样的要求。

第三个方法：当你们发展到一定程度时，你可以试着在一个密闭或者只有你们两个人的空间里紧紧地抱住她，然后观察和感受她身体的反应。如果她比较放松享受，甚至还比较主动，那你可以尝试继续下一步动作，去亲吻或者抚摸她。如果她都身体很僵硬，感觉很紧张，甚至有推开你这种抗拒的动作，就说明她可能还没有准备好。

需要提醒的是，有些男人可能觉得女人的抗拒都是假装的，认为她这样做是期待你更热烈的身体接触。我告诉你，这个想法很危险，而且太自以为是了。有些害羞的女孩最多就是一动不动也不抗拒的，但如果她在抗拒挣扎，那就说明她真的没有准备好，这里边的度你们自己一定要把握好，不然就很容易导致分手。

兄弟你可真能忍啊！

这种事难道不是自然而然就发生了吗？

你女朋友是性冷淡吧？

有些事不用一个晚上都做完的，我们又不赶时间。

——《志明与春娇》

Q44 为什么因失恋痛苦久久不能开始新关系的是男人

粉丝困惑　艾老师，我好痛苦，我跟我前女友分手没几个月，她就已经找到了新欢，我却还沉浸在痛苦里，当初明明是她追我的，现在反过来她却把我忘得一干二净，这究竟是为什么！？

艾弥儿解答　通常情况下，女人失恋了，她会哭会闹，会对所有的朋友倾诉，看起来好像痛苦至极。当男人失恋了，多数情况下我们是看不出来的，他不说不闹也根本不会哭，顶多抽闷烟喝闷酒。这样就容易造成一种假象：女人非常念旧且重感情，而男人狼心狗肺，十分冷漠。

但你发现分手刚过去几个月，当时哭着闹着活不下去的女人，很快就爱上单位新来的一个长得还不错的男同事，开始了美滋滋的新恋情，而男人依旧沉默，始终没有再进入一段新的关系。

很多社会调研都显示：女人从一段失败的关系里走出来，然后开始一段新恋情的时间大概是三到六个月，而男人所花的时间则长得多，少则一年，多的可能两三年都走不出来。

为什么会有这样的差异？一般女人失恋之后，她会找人哭诉，把所有悲伤痛苦的感受都发泄出来。这其实是在通过倾诉舒缓失恋的痛感，再慢慢地让它消散，能够帮助女人从失恋中走出来。而男人面对这种痛苦，通常是采取压抑、隔离、逃避、沉默的态度。但是这种情绪并不会因为你不碰它就自行消失，而是会一直滞留在你的身体里，让你始终有这种伤痛、丧失的感觉。

男人真的不容易，如果你真的很痛苦，建议你找人倾诉一下，把情绪发泄出来，可能对走出这一段失恋的痛苦，从而开始一段新恋情有帮助。

男人哭吧哭吧不是罪！

其实女人比男人更加绝情。

女人才是大猪蹄子！

这么痴情啊，我收了你吧！

每个人都有失恋的时候，而每一次我失恋呢，我就会去跑步，因为跑步可以将你身体里面的水分蒸发掉，让我不那么容易流泪。我怎么可以流泪呢？在阿美的心里面，我可是一个很酷的男人。

——《重庆森林》

Q45 怎么回答女人的矫情问题才能得满分

粉丝困惑　艾老师，我想知道，如果女朋友问我是爱她的身体还是爱她的灵魂，我该怎么回答？

艾弥儿解答　你要明白，女人是一种天生就很矫情的生物，她们经常问各种奇怪的问题，比如："假如我和你妈同时掉进河里，你会先救谁？"又比如："你爱的是我的身体还是我的灵魂？"……男人肯定想说，"我当然喜欢你柔软的身体了，什么是灵魂，我又没有见过"，但我要告诉你们千万不可以这么讲。

因为对于女人，尤其是年轻的女孩来说，她们最痛恨的就是你只爱她的身体，你就冲她身体来的。但如果你说是冲她的灵魂去的，也不行，因为这实在是太抽象，太没有感觉，太不像情话了。我来教你们怎么回答这类问题。

你可以说："坦白来讲，最开始我是被你独特的思想和精神吸引的，我跟你特别聊得来。我仿佛遇到了人生的灵魂伴侣。但随着我们关系的进一步发展，从我第一次抱你、亲你到第一次跟你发生关系，我就知道我完了，我这辈子，我的身心都离不开你了。"如果你觉得这一段太肉麻，也可以试试这段："嗯，我比较笨，我不知道怎么区分我爱的是你的肉体还是灵魂。第一次见面的时候，我记得很清楚，你穿了一条白色长裙，当时微风吹起裙角，阳光照在你的头发上闪闪发光，从我看见你开始我就知道，我这辈子的眼光都离不开你了。”如果你觉得这段还是有点肉麻，那你还可以这样讲：“其实，在遇到你之前我一直觉得男女之间的吸引就是肉体的吸引、荷尔蒙的躁动，但自从遇见你，我知道了什么是爱，就是啪啪啪完后我还想抱着你，亲你，舍不得睡觉，只想一直看着你。”

这三个答案背后想要传达的意思很简单，女生问这么矫情的问题，她背后的心理需求只是希望你能够很认真地对她说一段动听的情话，你要让她感觉到你很爱她。理解了女生背后的心理需求，以后什么问题都能应答如流。

我最烦矫情的女人！

这也太肉麻了吧？哈哈，下次我试试。

拿小本本记下了。

灵魂，我好害怕啊！

当你年轻时，以为什么都有答案，可是老了的时候，你可能又觉得其实人生并没有所谓的答案。

——《堕落天使》

Q46 第一次约会要不要“直奔主题”

粉丝困惑　第一次和网恋女友见面，我们就接吻了，但是在开房这个问题上，我们犹豫了，我怕自己把持不住秒射丢脸，她好像也有点担心自己被骗炮，最后我们没有去开房。艾老师，第一次约会如果彼此都很喜欢，到底要不要冲动一下呢？

艾弥儿解答　最好是不要。

首先我非常理解，男人正值壮年，性欲旺盛，见了女生肯定就想着吃完饭聊完天就想去看电影或者唱K，这样你们自然而然就有一些身体接触，然后就想开房之类的。

如果你的目的只是一夜情或者约炮，也无可厚非。但如果你真心想和她建立一个长久稳定的亲密关系，那第一次约会千万不要“直奔主题”。因为女生约会通常会有这几种心理。

首先，她第一次跟陌生男性出去肯定会有戒备心，这时候如果你们了解得还不太深入就直接邀请她回家或者去酒店，她可能会觉得跟你在一起不太安全，就会拒绝你。其次，女生答应跟你上床肯定要有一定准备的，包括心理上的准备，比如她要确定彼此是相爱的。而且她身体上也要准备，比如她要确定自己穿了漂亮的内衣，涂了香香的身体乳，或者还要尽量避开大姨妈，尽量选择安全期，要准备好套套，等等。

所以，最好是在约会几次之后，你找合适的机会含蓄地提出“要不要去郊区泡温泉”或者“一起过一个晚上”之类的请求，那她就能明白你的意图，就可以事先准备好。

还有一点，男生可能不太了解，年轻女生其实特别希望你爱上她是因为她的性格，她的内在，她的精神，而不仅仅是她的肉体。

这跟女人的年纪也有关系，到我这个年纪，就会觉得如果你是冲着我的身体来的，其实是对我的一种欣赏和肯定。因为上了年纪的女人对自己的内在有没有吸引力，到底值不值得被人爱已经是非常有自信的了，她并不需要一个异性去确认这些。但是年轻的女生就不一样。

女孩子的内衣难道不都是很漂亮的吗？

套套还要女的自己准备？

欲速则不达，有舍才有得。

第一次见面就上床的女生不能要！

对真心相爱的人来说，对方的心才是最好的房子。

——《冬日恋歌》

Q47 第一次约会聊点啥姑娘会喜欢你

粉丝困惑　艾老师，我朋友帮我介绍了一个对象，我们在微信上聊了一周左右吧，打算出来一起吃个饭啥的，但我不知道该怎么跟她聊天？

艾弥儿解答　首先，你要掌握她的心理，第一次约会她会有点戒备心同时又有点兴奋。毕竟是跟陌生人第一次见面，所以你最开始聊的话题要先让她放松，比如可以先做一个简单的自我介绍，让她知道你是一个踏实工作的上进青年。之后可以聊一些幽默轻松的话题，比如说说大学期间发生的有趣的事，还可以聊聊刚工作时碰到的一些尴尬的事情，犯过的小错误，等等。

但是最好不要跟女生吹嘘自己的成就、地位或者人脉等，这些都不如自嘲来得让女生更喜欢和放松。而且千万不要低估女生的判断力，她们都知道敢于自嘲的男人，才是自信的男人。

还有一个忌讳，千万不要把约会变成你一个人的演讲，约会聊天一定是要有双方互动的，你讲一个话题就邀请对方说一个类似的话题。这样你来我往，彼此也就增进了解了。

最后，还有一个百试不爽的话题，就是去夸奖对方。有的人可能会害怕弄巧成拙夸错了地方。这个心理就不对，谈恋爱谈的是感觉，它不是我们小时候的数学考试，有对有错，有标准答案，也不是一加一一定要等于二。你夸她眼睛漂亮她就一定要眼睛漂亮吗？不是的。这个夸奖就是“言不必由衷”。你可以随口说“你眼睛很漂亮啊”，“你的头发很漂亮”，“你今天的丝巾很漂亮”，“我很喜欢听你说话的声音啊”，等等。通过这些话，你传递给她的是你对她的一种喜爱之情。人都是喜欢喜欢自己的人嘛。

你长得帅，聊啥话题女孩子都喜欢你。

楼上+1，有钱就更好了！

男生喜欢漂亮的脸蛋，女生喜欢甜言蜜语，所以女生化妆，男生撒谎，以便互相欣赏。

不知道聊啥就请她去看电影。

为什么选择我？

这个问题的答案很长，我需要用一生的时间来回答你。

——《人间四月天》

Q48 第一次跟女生约会去哪里

粉丝困惑　我通过微信摇一摇认识了一个姑娘，明天要和她约会，可能要吃个饭啥的，但我想吃饭会不会有些单调啊？艾老师，你有什么更好的建议吗？

艾弥儿解答　一个女生跟一个不太熟悉的人去一个不太熟悉的地方肯定会有一种不安全感，所以第一次约会最好选在你们那比较大众的购物中心。这样的场地公开且安全，一般交通比较便利，吃喝玩乐的选择多，女生自然也比较容易欣然赴约。

第一次约会通常就是吃饭，喝咖啡，看电影，唱歌，等等，我建议最好还是吃饭。不是每个女生都喜欢喝咖啡或者喝茶，看电影和唱歌的环境又相对不太适合交流，而吃饭是一般女孩都不会拒绝的。

需要注意的是，要提前花点心思选好吃饭的地方。问女生想吃什么，通常都是两个字——随便。其实“随便”这个答案并不代表这个女孩随和好说话，这里边其实是带有一点点的抱怨和指责的：她答应跟你约会，你却不事先想好带她吃什么。

所以男生最好先做点功课，把约会地点周边的菜品，环境、价位都了解清楚，见到她时可以直接告诉她：“这附近有一家西餐厅不错，我带你去吧！”你要是担心她不喜欢吃西餐，也可以给她几个选择，比如说：“这附近有一家西餐不错，还有一家川菜也不错，你想去哪一个？”这样她会觉得你很主动，也很有决断力，并且很用心，试问这样的男生谁不喜欢？

而且，主动选择吃饭地点还有一个特别的好处：有利于成本控制。当你问女生想吃什么，她可能会说：“附近有个五星级酒店的海鲜自助大餐不错。”的确，应该挺不错的，但是这完全超出你的预算范围了，怎么办？其实完全没有必要打肿脸充胖子去吃海鲜自助，因为你现在负担不起，之后也可能负担不起，这样两个人在一起压力会很大，恐怕也走不长远。如果你对周边比较了解，你可以含蓄地表达：“其实旁边有一家海鲜烧烤也不错的，我之前去过，而且性价比很高，我们不如去这个地方吧。”这样你既量力而行又表达了自己的诚恳和自信。

吃完饭、约会完一定要表达一下跟她在一起很开心，很期待下一次，给彼此留一个意犹未尽的感觉是最好的。

约会不就是吃饭睡觉嘛，哈哈！

海鲜自助大餐，我有点儿饿了。

领导只做选择题，女生也一样。

摇一摇认识的人你也敢见。

约会就是约会，就是要含情脉脉，吃喝点菜都是调情的好机会。

——蔡康永

Q49 备胎要不要做？怎么做

粉丝困惑　追一个女生很长时间了，可是人家可能不太喜欢我。她现在有了一个男朋友，我还要跟她继续保持关系，没事嘘寒问暖一下吗？

艾弥儿解答　其实你的问题就是一句话——备胎，要不要做？

备胎当然要做。佛祖说过一句话：人生无常。所以人生都无常，何况年轻人这点感情？女人的心情就像六月的天，说变就变，即使她有男朋友了，他们两个人白头偕老的概率也是非常低的。相爱容易相处难，说不定哪天女神分手了，说不准就回心转意来找你了，所以万事要给自己留个机会。

但是有一点，不要只当备胎，你同时也要跟其他的女孩接触。

第一，如果你只当备胎，心态会不好，容易变成男版的怨妇；第二，做备胎，不能缠着她，你要认清自己的角色，你不是正牌男友。所以你多联络几个女孩，跟她就可以保持一定的距离和相处的节奏，反而彼此的好感度还会提升；第三，你越给对方安全感，她回心转意找你的可能性就越小。反正你永远在那，谈一个男朋友你也在那，谈两个、三个你还是在那，那干吗还着急回到你身边？

而且如果她知道你身边还有其他女生，她也许还会认为你很受欢迎，觉得应该好好珍惜你，最后回到你的身边也说不定呢。

意思就是你可以当很多女人的备胎，不要当一个女人的备胎，哈哈哈。

你若安好，我备胎到老。

人就是贱，等到备胎走了才会知道备胎的好。

如果再也不能见到你，祝你早安，午安，晚安。

——《楚门的世界》

Q50 30岁了，等待真爱还是嫁给适婚对象

粉丝困惑 我今年30了，到了这个年纪，和男朋友相处了两年多，也相处得比较顺利。现在男朋友提出要结婚，我比较犹豫。如果嫁给他又觉得他好像不是我最理想的那个人，但是不嫁又怕错过了他，年纪大了以后也不好找，我应该怎么办？

艾弥儿解答 这的确是一个两难的选择，其中一个选择相对来说确定性比较高：你们已经相处了两年多，感情也比较顺利，对方又非常有诚意地想娶你，嫁给他就是一件顺理成章的事情。而另外一个选择则充满了不确定性：如果你放弃了他，就算存在世界上最理想的人，你在人生的前30年都没遇见他，那30岁后遇见这个人的概率到底有多大？而且就算你遇见了，你们能不能相爱并且顺利走到婚姻这一步，也是未知的。

至于你到底要选哪条路，其实还是看你的个人偏好和你能承受的风险。但是我建议，不管你做出何种选择，走上这条路就得把握好自己能把握的。

如果你选择嫁给他，就不要再想其他的可能性，踏踏实实跟他过日子，努力经营好彼此的关系和感情。如果你选择放弃他，那你就要

全力以赴去创造更多的机会去结识你认为更理想跟你更合得来的人，也努力让自己成为一个更好的人，千万别后悔当时放弃了他！

其实心理学会把人分成两类，第一类人叫regretter（后悔者），当两个选择A和B的时候，选A就会后悔为什么没选B，选B就会想当时如果选A是不是会更好；第二类人就恰恰相反，叫forgetter（忘却者），选了A就把B完全忘掉，选了B就再也不想A的事。很显然，忘却者在人生的路上会走得更好。因为他们把握住了自己所能把握的。

除了结婚，之后也许还会面对很多类似的两难选择，比如要不要买房，要不要生孩子，甚至要不要离婚，等等，在选择的时候即使会半信半疑，但是一旦选择一条路就全力以赴地投入才是最好的态度。

30岁再不嫁都没人要了。

自己选的路，跪着也要走完。

世界上根本就没有最合适的人哪！

我也30岁了，和男朋友处了四年多了，他就是不提结婚的事儿，想想心寒呢。

没出现让你觉得很好的人，难道不是因为你自己不够好吗？

——《问题餐厅》

Q51 男人到底什么时候想结婚

粉丝困惑 艾老师，我身边经常有女性朋友抱怨：恋爱谈了好几年，感情一直都很好，也到了该结婚生子的年纪，可是为什么男方就是没有结婚的打算呢？

艾弥儿解答 女性结婚生子的年纪，即结婚适龄期，一般都是因为怕错过身体上生育最佳年龄而产生的。男人也有一个结婚适龄期，但男人的适龄期一般和心态有关系。

渡边淳一的一本书里说到男人的这种心态，他说：通常二十出头，刚从学校毕业，初生牛犊不怕虎，涉世未深的男生最容易陷入盲目的自信，对于前辈的生活轨迹不屑一顾，觉得自己能大有作为，生活充满了无限的可能性。这时候，结婚这种导向稳定和平凡的决定，往往不在他们的考虑范围内，即使当下有个相爱的女友在身边，他也不会急于走入婚姻。

等过几年，当他们逐渐认清了社会现实以及自己在社会中的地位时，他才能意识到自己人微权轻，只不过是社会机器中的一颗螺丝钉而已。工作中也会常常不尽人意，偶尔遭到上司或前辈的训斥，得不到机会发展。

踏入社会的前几年，可能还有一些同学哥们儿可以聚会喝酒发发牢骚，但这种友谊一方面会随着时间而淡薄，另一方面，随着大家事业发展的不同、经济地位的差异，也会变得日渐疏远。

这时候男人会陷入矛盾不安并且对自己有些失望的境地，心理上也会因为孤独而感到尤其脆弱。

这种脆弱期大概发生在他30岁的时候，而到了这时候家庭的稳定和温暖才会成为他想要的疗愈之所和精神寄托，他才会开始希望有一个温暖的女性在身边支持和安慰自己。

恋爱谈得轰轰烈烈，未必就能走向婚姻，天时地利有时候比人和更重要。

男人三十而立。

可是我们女人等不起啊，女人30岁都人老珠黄了。

也有20多岁就想结婚的，比如我，就差个女朋友了。

结婚麻烦！

当我们走入婚姻，我会向你承诺你所在乎的事情，不论是好的、坏的，或是会让彼此争执的事，都会用尽我的生命去守护你，成为你生命中的依靠。

——贝弗莉·克拉克

Q52 为什么男人会死心塌地爱上矫情的女人

粉丝困惑　我身边有一些女人，看起来特别矫情、特别作。超级自恋、情绪波动大、虚荣、嫉妒心强，有时候还撒谎。但就是这些看上去缺点一大堆的女人，她们身边从不缺男人，而且还有很优秀的男人死心塌地地爱着她们。这是为什么？

艾弥儿解答　有这么一句话："所谓性感就是男人特别像男人，女人特别像女人。"其实矫情的女人在男人眼中是非常具有女性化特质的，也是非常性感的。关于这个问题我记得渡边纯一举过这样的例子：

试想一下，看到男人稍微多看了其他女人一眼，她就立即争风吃醋不依不饶；看到闺密新买了一件衣服，就在男人耳边撒娇也要买新衣服；男人下班回家有些累了要睡觉，她也缠着要爱爱。这样看起来仿佛女人很不懂事，简直是个麻烦精。

可是如果当男人在外面花花公子，她一言不发；穿的衣服不如别人漂亮，也毫不在意；男人多久不做爱，也毫无怨言。试想一下，这样的女人除了省事之外，对于男人还能剩下多少吸引力？

男人表面上说这种女人真是不可理喻，可心里偏偏就是喜欢这类女人。和这样的女人交往，男人可以更清楚地感觉到自己身上的男性魅力以及男人的优越感和存在感。

《金瓶梅》里的潘金莲，就是一个典型的矫情女人，但是在西门庆成群的妻妾中，除了天生条件优越的白富美李瓶儿，西门庆最爱的就是潘金莲。

我也最爱潘金莲，大爱！

恰当的矫情招人喜欢，过了就不好说了。

我就特烦管我的，打麻将还打电话催催催！你让我戒烟，我把烟戒了；你让我戒酒，我把酒戒了；你让我戒麻将，我就把你戒了！

撒娇女人最好命！

都说女人要命好，沟深沟浅不重要，只要会撒娇。

——《撒娇女人最好命》

Q53 为什么男人处理分手的时候特别不男人

粉丝困惑　艾老师，我跟我男朋友是2016年的年底在一起的，是工作上的合作伙伴。感情一直挺好的，但是到今年年初的时候，他像变了一个人一样，对我特别冷淡。有时候微信也不回我，后来我实在受不了被冷漠对待，就问他是不是要跟我分手，结果就分手了。为什么男人都这样呢？

艾弥儿解答　说到男人对待分手的态度，一般情况下，如果女人不作不闹，男人也没有新欢，对女人没有厌倦，他一般是不会主动提出分手的。因为一来有个女人照顾生活总比没有的好，二来失去一个能与之保持稳定性关系的女人，对他们来说比较麻烦。

即使男人想分手，他的态度也是含糊不清，很少有男人会直截了当地说出“我不爱你了”这种话。下面这些就是男人要分手的前兆。

首先电话和约会的次数会大不如前。如果你问他：“为什么最近电话也不来一个？”他多半会说：“工作忙嘛。”其实我们心里都清楚，什么工作能忙到一个电话的时间都没有？

其次，他没有最开始那样关心体贴你了。以前如果你提出想去什么地方，他会毫不犹豫地陪着去，现在则是充耳不闻。

还有部分男人会说“我实在配不上你”或者“我觉得自己挺没出

息的，你这么好的姑娘跟了我太可惜了”之类的话，你记住，这样的话和“我厌倦你了”基本上是一个意思。

等到关系亮起红灯，进入危机阶段，男人就更懒得对女人解释了，说话也不再和颜悦色。当你半真半假地问他是不是外面有别的女人时，他也不解释，很不耐烦地说：“你烦不烦呢！”或者：“随便你怎么想。”假如你抱怨说他很过分，他又会直言不讳承认：“没错，我就是这样的人！”其实就是在等你主动说出：“我实在受不了你了，咱们分手吧。”

试图以暧昧含糊的语言来表达分手的意愿，与其说是男人对女性的体谅，莫如说是男人不想承担分手的责任。

理解了男人的这些心理，我觉得分手了就分手了吧，没必要去纠结为什么，赶紧从这段感情中走出来，寻找自己的下一段感情吧。

这种男的都是渣男，没有担当！

真是够娘们唧唧的。

当出现一点苗头的时候，一定要及时分手，别浪费自己的青春！

没有为什么，厌倦了。

我不知道如何说再见，我想不出说什么好。

——《罗马假日》

Q54 该怎么和女生聊天才能话题不断

粉丝困惑 我跟女孩子接触的时候不知道要怎么聊天，每次都是说说话然后话题没了就没了，总是很尴尬，到底该怎么跟女孩子聊天？

艾弥儿解答 我跟大家分享一个简单有效的聊天方法吧，叫“大树聊天法”。

大树都是由树干、树枝、树叶这三部分组成的。聊天聊不下去，是因为停留在树干层面，聊完了就结束了，并没有让它在树枝、树叶层面展开。

第一次见面时，女生都会问你是做什么工作的。你回答做销售的，紧接着就无话可说，陷入了沉默和尴尬的境地。

如果你说你是做销售的，就相当于只说出了“树干”，并没有把“树枝”和“树叶”展现给对方。要展现“树枝”和“树叶”，你可以接着往下说你是做什么销售的，比如说你是卖保险的，这是你对工作的一个简单阐述，这就是一个“树枝”。然后继续往下说“树叶”，你就可以举个工作上的例子，比如讲讲之前遇到的客户，四十岁左右，是家里的主要经济收入来源。他买了保险之后，检查出了重大疾病，家庭经济陷入危机，说说你们当时怎么解决问题，怎么帮助他渡过难关。这件事让你找到了工作的意义。聊到了这些具体细节，其实就是说到了“叶子”，这样话题才能展开。

当说完“树枝”之后，如果对方有问题，你可以与她互动，也可以继续往另一个分支去讲，你会发现“一棵树”可以展开很多很多话题。

再举一个例子，被问老家是哪儿的，假设你是西安的，你说完是西安以后就不要停止，你要“开枝散叶”。比如你可以说说西安的特色小吃，这就是一个“树枝”。接着再找“树叶”，比如你最喜欢的羊肉泡馍，可以讲讲小时候羊肉泡馍是怎么做的，你第一次吃羊肉泡馍是什么样的感受，等等。这样聊天你会发现事情越聊越细，越聊越具体，越聊越有人情味，就越容易拉近彼此的距离。

这就是最简单实用的大树聊天法。同理，当对方回答完你提的问题后，你也可以通过提问让她的大树慢慢展开，她会感觉到你对她充满好奇心，很想了解她，她也会觉得很开心的。

开枝散叶，听起来总感觉哪里不对劲。

那岂不是得一直哔哔哔说个不停？

哈哈哈，我有故事你有酒吗？

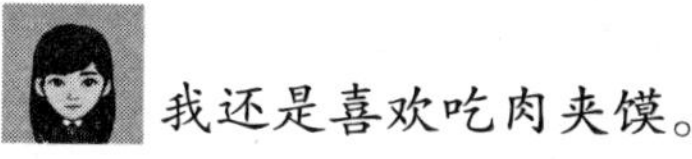

我手上的爱情线、生命线和事业线，都是你的名字拼成的。

——《玻璃之城》

Q55 亲密关系中这样说，对方才会听

粉丝困惑　男朋友平时对我挺好的，但是有一点我真的受不了。我有时候跟他讲话他都好像听不到，一般都是他在玩手机或者干别的事情。微信也不及时回。然后我每次说他，他都说我指责他，很不高兴，怎么办呢?

艾弥儿解答　我分享一个沟通小技巧吧。

在恋爱或者婚姻里，你可能经常会脱口而出：“你怎么老是不及时回我的信息？”或者会说：“你怎么总是在那玩手机啊？好不容易才见一次面。”而这两个例子都是以“你”开头，听起来就是指责和攻击的话语。他听到肯定会辩解，想要防御，所以这种对话一般就是不欢而散，大家都沉默，甚至还可能发生争吵。

其实，换一种方式表达，对方更有可能听进去，而且也不会伤害双方的感情。

很简单，就是把用“你”开头变成用“我”开头，换一个人称。具体有三步，下面我们分情况说：

第一种不回你微信的情况。

第一步，用“我”开头去描述你看到的一个行为。比如：“我给

你发微信，但是没有收到回复”。

第二步，以“我”开头描述我的感受。比如：“我感觉很担心，不知道你是不是有什么特别的事？”

第三步，以“我”开头，说出我的期望。比如：“我好希望以后你能够及时回复，如果你很忙，哪怕给我回个表情都可以。”

表达出来是一个意思，可是却说出了你自己的感受和期望，而不是对对方的指责，听起来也比较温和，他也更容易做到你期望他做的事情。

第二种情况也一样，与其说“你总是在那玩手机”，不如说“我们好不容易在一块安安静静地吃顿饭，看到你一直低头看手机，我感觉很孤单。我希望的是我们在一起的时候，能好好地聊聊天，这样的话我就会感觉很亲密呢。”

用“我”开头，再用一个比较温和的语气说出来，他更有可能会按照你期望的去做。

所以，下次想说“你”怎么这样的时候，把“你”换成“我”，用我教你的三步法试试看。

不听不听，王八念经。

最讨厌我玩手机的时候女朋友在旁边唠叨。

感觉你好卑微，在爱情里不能这样！

要是我男朋友这样，我就直接动手了。

不抽空陪家人的男人，不是真正的男人。

——《教父》

Q56 亲密关系中如何指出对方的缺点

粉丝困惑　艾老师，我女朋友小毛病有点多，不是说她矫情还是怎么样，就是她有时候生活习惯还有一些对人对事的态度，我会有点看不惯，但是我又不知道该怎么说她？

艾弥儿解答　亲密关系就像是一面镜子，在相处过程中我们会看到自己的不足，也会通过对方的反馈认识到自己的缺点。尽管我们常说“良药苦口利于病”，但有些话虽然的确对自己有帮助，如果这个药太苦，也很难接受。

比如男生对着女生抱怨说：“哎呀，每次出门前你化妆都要那么久，实在太磨蹭了。”她听了肯定不开心。或者她跟你回家，但是到家不陪父母聊天，总是看手机，你可能就会指责她好不容易陪一次父母，却总在那看手机。她听到自然也会很不高兴。

那我们在亲密关系中该如何指出对方的某些缺点和不足呢？

沟通中有一个小技巧叫作“汉堡包原则”，掌握这个原则以后，你就能用一种非常柔和的方式对对方说出她的缺点，并且还能增进你们之间的感情。

汉堡包最重要的是中间的那片肉，但是它上下又夹着两片面包，因为这样吃起来口感会很好。我们在批评他人不足的时候，想要表达的是中间那句话，但是“上下”也要加一点比较柔和的话语。

你可以先表扬她一下，比如上面的案例，如果女友化妆太磨蹭，你就可以先说一句：“哎呀！老婆这么漂亮，每次带出去都特别有面儿。”她听了肯定特高兴。接着你就可以说出她的不足：“就是化妆的时间有一点点长，每次都迟到，我那些狐朋狗友们都起哄说以后谁来得最晚谁就埋单。”最后你再以一个正能量的方式结束，说：“以后我老婆化个淡妆就行了，反正你天生丽质，不化妆也比她们好看。”这样说是不是顺耳多了？

第二种情况也可以采用汉堡包原则重新表述一下，比如先说“我哥们谈了个女朋友，特别不懂事，从来都不知道跟他回家去看父母。哪像老婆你这么懂事，经常陪我回家”，这是上面那块面包。然后说：“其实我父母平时也挺孤单的，都盼着我们回去陪他们聊聊天，以后咱们回去少看手机，多陪他们聊天，好不好？我也一样，不看手机了。”这是中间的肉。最后再加一句：“一家人边吃饭边聊天，真是其乐融融，这不就是我想要的生活嘛！”这样整个对话听起来就非常柔和，缺点和不足好像也变得不那么犀利了，而且还能增进感情。

哈哈，“谁最后到谁埋单”，这句话好使

我也想知道女的化妆怎么能化那么久？

我对老板都是这么说话的，小心翼翼、如履薄冰。

世界上总有一半人不理解另一半人的快乐。

——《爱玛》

Q57 亲密关系的六个层次，你在第几层

粉丝困惑　在恋爱期间为什么有人觉得对方是可有可无的，有些人就觉得非你莫属，简直就是找到了人生的灵魂伴侣呢？同样在婚姻中，为什么有些人过了几年，夫妻之间除了孩子就无话可说了，可有些夫妻在结婚多年以后还能彻夜长谈？

艾弥儿解答　我之前看过一本书，书里讲亲密关系是有层次的，层次越浅，两个人的关系就越浅；层次越深，彼此就越互相依赖，亲密关系也就越牢固。

第一个层次最浅，叫寒暄。很多情侣夫妻到后期都变成仅仅只是彼此寒暄一下，根本没有其他交流。比如每天就是简单问句“吃了吗”“下班了”“嗯”，谈话就结束了。

第二个层次叫信息。彼此交流互换一些信息。比如明天要下雨了，提醒对方记得带伞，又比如孩子没写完作业，老师打电话告状了之类的。

第三个层次叫观点，就是在交流中各自能够自由谈论各自的观点。比如春节回谁的父母家过年？孩子的兴趣班要不要接着报？这些都是日常生活中常有的一些对话。

第四个层次是情感，这就需要经常关心对方的心情和感受，问问

对方：今天心情好不好？压力大不大？这种关系和分享能让彼此的情绪在两个人之间流动起来，两个人才能感受到亲密。

第五个层次，就是要去理解彼此的梦想目标和对方内心深处的恐惧。比如你们常常一起交流现在做的这些事情，什么是对你最重要的？什么样的生活是你想要的？什么样的人生你觉得最有意义？……

亲密关系的最后一层就是潜能和支持层面。当你知道了对方的目标梦想以及他想成为什么样的人之后，你能够怎么去支持他，让他成为他想成为的那个人，过上他想过的生活。这是你对他的一种支持，一种责任心，一种付出。而反过来，对方也会为你做同样的考虑。如果你们发展到这个层面，两个人的关系就非常亲密和稳固了。

往深层次沟通，两个人才可能有“灵魂伴侣”的感觉，结婚多年以后才不会无话可说。

我和我老婆就在第二层次，世界太平，一说观点就争吵。

喜欢一个人不就是喜欢和他说很多很多废话吗？

世界上最远的距离，就是你在我对面，我却跟你无话可说。

现在都是你在我对面，我在玩手机。

在人的一生中，遇到爱容易，遇到性容易，最难的是遇到了解。

——廖一梅

Q58 分手要怎么说出口

粉丝困惑　艾老师，首先我声明我不是渣男，我想分手不是因为我外面有别的女人了，而是我跟她真的性格不合。她的脾气太暴躁了，我实在受不了了，现在我一提分手她就闹，一闹就分不了，怎么办呢？

艾弥儿解答　分手三步法，教你好好跟对方说再见。

第一步，你先认真想想是否真的决定分手。你可以问自己几个问题：现在是不是在气头上，是否带着情绪在思考问题？两个人之间的问题，是能解决的还是真的解决不了？现在双方的关系还能不能带给彼此愉悦和成长？分手后会不会更痛苦，还是会过得更好一点？

当你真实地回答这几个问题之后，相信你就可以做出决定了。如果决定了分手就千万别逃避，也不要试图等对方说分手，更不要把责任推给对方。

第二步，提出分手的过程中态度要友善，立场要坚定。找一个两个人情绪都比较平稳，一段不会被琐事干扰的时间，坐下来面对面好好地交流。你作为分手方，要坦诚说出分手的理由。这时候不要指责和攻击她，也不要太情绪化，说清楚两个人不合适的原因就好。如果对方的反应变得比较情绪化，甚至很激动，这时候你的态度一定要坚定。你可以表示理解她的情绪，但是一定要坚定你的立场，无论如何都不会改变决定。

第三步，分手之后，一定要划清界限。有些事可以做，有些事就不能再做了。比如刚分手时，她可能情绪十分低落，甚至会做出一些极端行为，这时候念旧情而伸出援手，表达理解和歉意都没有问题，但一定要停止做一些只有情侣才可以做的事，比如每天微信里问候早安晚安，两个人一起看电影，或者发生一些亲密接触，等等。

分手一定要分得彻底一些，这样两个人才能尽快从这段关系里走出来，慢慢开始新生活。

分手见人品啊！

直接说出来，比冷暴力强多了。

要不你把她介绍给我吧，单身快30年了。

我只想让你开心，从没想过自己是否够好。不过，亚历克斯，你配不上我。

——《双面镜》

Q59 男人都喜欢漂亮的，女人都喜欢有钱的吗

粉丝困惑 艾老师，男人和女人在找对象这件事情上会有看法的差异吗？男生现在是不是也很现实，会比较喜欢条件好的女人，还是就看颜值啊？

艾弥儿解答 有人说男人就是喜欢长得漂亮的，女人就是喜欢有钱的，其实不然。

曾经有人作过大范围的调查，大数据告诉我们，无论男女，在寻找终生伴侣的时候，最看重的有三点。

第一点是性格和品格。他们都想找一个对自己忠诚，值得信赖并且善解人意的伴侣。

第二点是长相和外在的吸引力。

第三点是经济条件和社会地位，能不能保障双方一起过上优渥的生活。

但男人、女人在这三条的排序上略有不同。

不论男女，排在第一位的都是性格和品格。对男性来说，排在第二位的是长相和外貌，所以他可以接受长得漂亮，但没什么钱的女人。对于女性来讲，排在第二位的则是男人的经济实力、社会资

源，等等。所以她们更容易选择有钱，但长得不怎么好看的男生。

但是性格和品格始终都是排在第一位的。

房价这么高，没办法啊！

始于颜值，合于性格，终于人品。

现在男女关系中最大的问题就是，男的都能意识到自己很穷，可是女的竟然都意识不到自己很丑，哈哈哈！

忠诚是因为没钱没选择吧？

他是世界上最好的男人，也许不会带我去坐游艇、吃法餐，但是他可以每天早晨都为我跑几条街，去买我最爱吃的豆浆、油条。

——《北京遇上西雅图》

Q60 六个问题帮你判断去还是留

粉丝困惑　我们都是第一次恋爱，从确定关系，到牵手，拥抱，接吻用了很长时间。我是真心的对她好。但是即将毕业，我却对她越来越不满意。她就像一个小女孩，什么都不懂，缺少主见，不爱思考，甚至不会思考。她是一个好女孩，善良单纯，有时候很可爱，但是我不能忍受以后和我生活的女人只是我的附属品。我很犹豫，不知道该分手还是继续。

艾弥儿解答　感情说不清道不明，很多人都纠缠在感情中，不知道自己该去该留。而一段健康良好的亲密关系应该有以下六大特征，看看你是否具备这六大特征，基本上就可以判断去还是留了。

第一，平等。问问自己在这段关系里是否具有平等的决策权。小到决定什么时候见面，大到什么时候结婚生子，两个人是否有平等的权利。

第二，互惠。你们是否把两个人的关系放在各自的利益之上，还是只有一个人在默默付出。比如异地恋中，是只有一个人不断奔波，还是两个人都会做出牺牲为在一起而做打算。

第三，坦诚。你们能够自由地谈论和抒发情绪吗？亲密关系的本质就是情绪流动以及情绪沟通，如果有一方不能坦诚地表达情绪，尤其是负面情绪，这样压抑久了，早晚有一天会爆发。

第四，这也是特别重要的一点，尊重边界。你能接受对方原本的样子而不试图去改变她吗？尊重她的生活习惯、消费习惯等，但凡想要改变对方，你就没有做到这一点。

第五，独立且适度依赖。她能把自己照顾好吗？在她需要帮助或者心情特别低落的时候，她愿意向你求助吗？如果她太过依赖你也不合适，你会感受到压力，你也会感受到不被尊重。但如果太独立，各过各的，完全没有依赖也不行。

第六是共同成长。在这段关系里，通过沟通和相处，你们彼此能不能成为对方的一面镜子，进而更好地认识自己，成为更好的自己？

六个特征，六个问题，问问你自己就知道该去还是该留。

异地恋，一个人奔波，累了。

这就是传说中的三观不合吧？

女人一思考，就不要你了。

就想问，你们啪啪啪了嘛？

我再也不爱你了，再见。

——《偷心》

Q61 为什么女人在婚恋市场上容易高估自己

粉丝困惑　为什么有些条件一般的女生，总是很骄傲，一定要找个条件特别好的男生，还总说她的前男友就是一个高富帅，她们是吹牛吧？

艾弥儿解答　男女在择偶时，大体都会先看这几点条件：长相身材、性格人品、才华能力、经济收入、社会地位，等等。每个人，不论男女都希望找到一个条件比自己好或者至少跟自己旗鼓相当的人当终生伴侣，但以上都是大家作长期选择，面临结婚生子才会考虑的因素。当你作短期选择的时候，就会大大降低对对方的要求。

男生只是想跟女生短期恋爱或者只是玩玩，那只要她不太难看，不会给他添麻烦，他都可以接受。这就导致很多条件一般的女生曾经也跟不错的高富帅谈过恋爱。

她经历过这段恋情就容易产生错觉，误以为自己可以找到男神级别的人作为终生伴侣，但却忘了一般人在作长期选择和短期选择的时候，择偶标准是不一样的。曾经跟你恋爱过的男神要真正娶老婆的时候，他的要求就高了。

虽然这是少部分女生，但在我接触的案例里这种情况确实存在。

人艰不拆。

这不是花花公子吗?

有些男生也是一样啊，明明很普通还很拽的样子。

有可能，他爱你，你却爱上另一个他，而你的他又爱上他的她，而他的她又只爱爱你的他……就这样，每个人的心里都住着人，但那个人却不见得是手里牵着的他。

——《东邪西毒》

Q62 四个小技巧让男人主动来追你

粉丝困惑　艾老师，我喜欢我们班上一个男生，但是我又不想主动表白，我该怎么让他来追我呢？

艾弥儿解答　有些女生存在一种根深蒂固的错误观念：男生应该主动，男生喜欢你就一定会主动，男生不主动就是他没那么喜欢你。

其实男生知道应该主动，可是他们又不知道该如何主动以及在什么时候主动。他们一直在找合适的时机，可他们又不知道什么时候才是合适的时机。

因此，有时候反而需要女生主动一点。主动并不是要你马上主动表白，而是要给他一些线索，告诉他什么时候是合适的时机，暗示他可以约你。

如果你真的想让他做你男朋友，就不要在朋友圈表现出一副你一个人也过得很好，你很忙，你不需要男朋友的样子。你也可以加他微信后主动跟他聊聊天，问问他有没有看最新的电影，听说还不错，周末，你可以聊天气真好，很适合爬山之类的。这样他才可以顺着你的话找时机约你。

还有些时候，男生不主动其实是因为没有信心，怕遭到拒绝。面对这类情况，你可以经常夸夸他。如果你看到他朋友圈晒加班，可以夸他上进努力；看他晒狗狗，可以夸他有爱心；他在跑步锻炼，可以夸他坚持运动，坚持健身，很棒……经常夸他，他就有信心来约你。

最后如果他还是不敢走出这一步，你可以试着主动约他，不一定是你们两个人的私人约会，比如当你参加某些聚会或者爬山等活动时，可以叫上他，这样也为你们两个人增加了接触的机会。

通常男生在决定要不要主动的时候，比较看重对方的吸引力和可得性。可得性也就是追你你会不会接受。而以上这些建议就是让他感受到你对他的好感，让他有勇气追你。

不是女追男隔层纱吗?

要是有女生约我，我不要太开心啊，哈哈!

确实，高冷的女生不敢碰。

我老公就是我主动追来的。

爱情和梦想都是很奇妙的事情，不用听不用说也不用被翻译，就能感受到。其实我想让你听听雨的声音，因为这是思恋的声音。

——《听见》

Q63 内向的男人如何吸引女人

粉丝困惑　我是一个性格比较内向，平时不怎么主动说话的男生。在朋友同学聚会上通常也都是最不起眼的那个，我很羡慕那些能跟女生侃侃而谈的男生，好像女生都特喜欢那种，那我这种内向的男生该怎么办呢？

艾弥儿解答　在一些聚会上，男生总觉得性格外向开朗的男生特别有优势，他们高谈阔论能吸引女生，他们放得开，甚至还会跟女生之间产生一些肢体接触。然而真正问一下女生，你会发现很多女生更喜欢那种低调有绅士风度的男生。

内向的男生可以表现得绅士一些。比如当女生要坐下来时，你可以帮她把椅子拉出来；女生一般都比较怕冷，尤其是在空调房，当她表现得有点冷时，你就要主动取来自己的外衣帮她披上；吃饭的时候，你觉得某道菜好吃，可以问问她想不想尝尝；或者你看到她很爱吃某道菜时，可以把那道菜挪到她面前；聚会上如果要喝酒，她不胜酒力，这时候如果你帮她喝一杯，她也觉得你在英雄救美。

最后临走的时候，有车可以送她回家，没车的话可以帮她叫辆车，在她上车的时候帮她拉开车门，手稍微遮挡一下避免她碰头。

上面说到的这些举动，都会让她觉得你很绅士。这样你既对她表现了兴趣和关心，又展示了自己的修养和绅士风度。做到这些细节，可能比那些高谈阔论的男生更能给女生留下好印象呢。

送她回家，到家楼下了，她问你要不要上去喝一杯。

楼上的，那是偶像剧！

帮喝一杯酒就成英雄救美了，那我的酒量可以救一桌子的美女了。

男生以后出门得多穿件衣服，哈哈。

大多数人都生活在平静的绝望之中！别陷入这种境地，冲出来！

——梭罗

Q64 男人第一次约会穿什么

粉丝困惑　我二十多年从来没有经历过相亲，二十出头时候谈过一个女朋友，现在已经单身好几年了，这几年天天被家里人催着赶紧解决终身大事。今天我好朋友给安排了他老婆的闺密，说过几天见面认识下，让我好好表现。现在处于一脸蒙的状态。我不太会打扮，不知道第一次见面要穿成什么样会比较好？

艾弥儿解答　有一个很有趣的现象：女生去约会之前，会花很多时间精力去想怎么穿着打扮，但实际上，第一次见面男生可能会关注她的长相和身材，对于她穿什么衣服，背什么包，戴什么首饰，反而没那么在意。而男生往往约会之前，很随意地就出门赴约，可是女生却会细细打量这个男生穿什么衣服，并且还有可能会由男生的穿着对男生形成一些判断。所以，男生约会之前也要花点心思。

第一点，一定要干净，个人卫生很重要。约会之前去理理发，刮刮胡子，夏天一定要洗个澡再出门。

第二点，尽量穿修身的衣服。不要穿肥大的嘻哈范儿或者打球穿的运动服。最不容易出错的搭配是一件素色的修身衬衫配牛仔裤或者休闲裤。不要穿格子衬衫，真的很少有人能hold住格子衬衫。

第三点，关于鞋子。夹脚拖鞋、豆豆鞋之类的就算了，先不管好看不好看，至少可以说明你对这次约会不那么重视。如果你穿牛仔裤，就配干净的球鞋；穿休闲裤，配皮鞋就好。

第四点，穿着尽量男性化一点，不要太女性化。我之前有个闺密跟一个男生网聊了很长时间，因为聊得很开心就决定线下见一面，结果她发现男生穿着淡粉色的衬衫，关键是他还点了一壶淡粉色的玫瑰花茶，她瞬间丧失好感，说感觉这个人很不男人。

第五点，当你犹豫不决不知道该选哪件衣服时，就挑那件贵的。男人可能分不清女生穿的裙子值五十块还是五百块。但是女生在这方面还是有点判断力的，她潜意识里会根据这个判断你的生活状态。

做到这五点，第一次约会的成功率会高很多。

我看女孩会看头发。

每次刚理发之后都觉得自己挺尬的。

楼上的，劝你换个理发师吧！

万一女孩就喜欢嘻哈范儿呢？

运动鞋不要穿特步。

我的意中人是一位盖世英雄，有一天他会身披金甲圣衣，驾着七彩祥云来娶我。

——《大话西游》

Q65 如何避免成为女人口中的“渣男”

粉丝困惑　最近“渣男”好像成了一个流行词，我看到好多情感类的文章都在用这个词。我感觉女人一旦感情不顺一言不合就会抱怨自己遇到“渣男”。艾老师，到底什么才算是女人眼中的“渣男”？怎么做才能避免成为“渣男”？

艾弥儿解答　“渣男”本来就是女人很主观的一个判断：你说过一直爱她，可是却变心劈腿出轨了；或者她对你付出很多，你并没有给予相应的回报，她都可能说你是“渣男”。

这里面也有女人要反思的地方。比如说：认为恋爱就必须以结婚为目的，不以结婚为目的的恋爱就是耍流氓。但结婚是一件需要天时地利人和的事情，绝大数人一辈子就结一次婚。恋爱不一样，是可以很多次的。有时候男人只是想谈个恋爱，女人却期待结婚，期待落空，就会指责男人是“渣男”，这样其实并不公平。

很多女人认为，爱是一成不变并且至死不渝的。但是人生无常，感情更是如此。他会有喜欢你的时候，自然也就有不喜欢你的时候，爱就是一枚硬币的两面而已。如果你想要一个一生对你至死不渝的男人，恐怕只能去琼瑶小说里找了。

大部分女人认为，对男人付出了多少，他就该回报你多少。但感情从来都不是一场公平的交易，感情里的付出有个原则，叫无怨无悔。如果你付出了就要求公平的回报，等于是把爱情看成一场交易。

当然，当男人被指责成“渣男”的时候，跟男生的做法也有关系，但做到以下三点，也许能避免一些指责吧。

第一，做到坦诚。明确告知女生，对于这段关系你是要谈婚论嫁还是还没有准备好，不要欺骗她。

第二，不要轻易做出承诺。做不到的就不要说，当两个人的感情浓度还没进展到一生一世时，就不要轻易给出一生一世的承诺。

第三，有问题就解决问题。当感情发生某些微妙变化，产生裂痕之后或者当你有了新欢以后，一定要尽快解决这个问题，不要一直拖着，耽误女生的时光。

做人难，做男人更难。

都在说渣男，谁来说渣女？

都是两厢情愿的事儿，干嘛互相指责呢？

最讨厌男人的谎言。

我真的想去学如何关心人，我真的想学怎么样做个有担当的人。

——《志明与春娇》

Q66 女人在恋爱中千万不要踩的雷区

粉丝困惑 艾老师，我跟我对象在一起快两年了，彼此都已经很熟悉了，没有了当初的热恋激情，有时候我感觉他对我没那么在乎了。比如我今年过生日他就没有送我喜欢的礼物，有时候就一个人看手机也不理我，我不高兴说分手的时候他就唉声叹气地摇头，也不像以前那么哄我了，我不知道是不是自己做得不好，其实这两年他对我都不错，我也挺希望两个人能长久的，有没有我需要注意的地方呢？

艾弥儿解答 我分享几个女人在恋爱中最让男生头大的地方，也许对你有所启发。

第一个，有话不直说，总让他猜。比方说大半天你都没有给他发信息，其实你是希望他猜到你的心思，主动地给你发信息；你要过生日，明明有个喜欢的礼物，偏偏不告诉他，还说自己什么都不缺不用送礼物或者说他送什么你都喜欢。最后他真的没送或者送了你不怎么喜欢的礼物，你就一脸的不高兴和嫌弃。男人真的没有读心术，你有什么想法一定要直接告诉他，不要让他猜。

第二个，把恋爱当作生活的全部，不光自己这样，还要求对方也这样。可是，生活中真的不只有诗和爱情，还有很多的工作、娱乐和眼前的苟且。

第三个，吵架一言不合就威胁要分手。其实你心里边是希望他能够痛哭流涕地来求你别分手的。可是如果你总提总提，他会觉得其实你并不珍惜这段感情，认为你也没有那么爱他，说不定下次你再提分手，他就爽快地答应了。

第四个，两个人相处到一段时间以后，女生开始各种作。当感情发展到一定阶段的时候，感情浓度和激情自然会下降，这时候你想方设法地作，想要回到原来。可是激情的平均消退周期就是一年半，谁都不可能永远维持着高浓度的感情状态，而且真正长久的感情不正是岁月静好、平平淡淡吗？

第五个，太早地同居。热恋时期，两人难舍难分，分分秒秒都想在一起，就会选择同居。但如果没有非常深厚的感情基础，也没有婚姻的承诺，一段感情是抵不过生活中的柴米油盐的，太早同居反而无法走入婚姻。

不作不死！

我觉得同居挺好的啊，能节省房租，还有人给做饭。

你让我滚，我滚了；你让我回来，对不起，我滚远了！

还有一个就是无端猜疑、查手机，我最受不了这个！

我已不再年轻，岁月教会了我智慧。

——《憨豆先生》

Q67 在一起时间长了，对方会不会不喜欢我了

粉丝困惑　艾老师，我跟我男朋友在一起快五年了，说实话，时间久了，双方都没有那么多激情了，他对我也没有以前那么好了，这样是不是说明我们之间没有爱情了？可我感觉自己还是很爱他，他是不是不爱我了呢？

艾弥儿解答　其实他没变，也不是不爱你，只不过他卸下了伪装，做回了自己。在恋爱初期，双方都会伪装并塑造一个美好的形象呈现给对方，而彼此吸引的正是当时塑造出来的理想形象。感情发展到后期，慢慢卸下伪装后的我们才最真实。

一段浪漫的结束，并不代表关系的结束，也不是他不再爱你。他只是开始做回真实的自己。浪漫激情褪去后，才是一段感情真正开始的时候。当我们看到对方真实的样子并且接纳的时候，才是一段爱情真正的开始。

感情一开始会轰轰烈烈，可到了一定阶段，就像左手摸右手，没有了最初的新鲜刺激，但这依然是爱。最初的激情和浪漫褪去之后，你们看到了彼此的真实。随着时间的沉淀，慢慢培养真正的感情，亲密感持续上升，你们越来越离不开对方，这是一段健康感情发展的必

经阶段。

如果你还想找回当初的浪漫和激情，就要想想两人在一起这么久，彼此是否还有所成长和变化？是不是能带给对方全新的感受？在感情中，成长才是新鲜和浪漫的来源。

五年了都还没结婚啊?

五年之痒吗?

他爱不爱你，你自己心里不清楚?

爱情让人盲目也让人虚伪。

没有什么是永恒的，唯一不变的是你脚下的这片土地。

——《乱世佳人》

Q68 唯有新欢可以疗愈旧爱的伤痛

粉丝困惑　我失恋了，很难受，我闺密告诉我说这是因为我还没有找到下家，有一个新的男人出现，我肯定立马就好了。艾老师，这是真的吗？我要不要马上投入另一段新恋情呢？这样真的会疗愈好我的失恋之痛吗？

艾弥儿解答　当你经历过一段轰轰烈烈的恋爱，最终却被分手，肯定是痛彻心扉。有的人会选择买醉，有的人会和闺密倾诉，有的人会选择去旅行，还有的人在旧爱伤痕并未痊愈时马上投入一段新恋情，意图用新欢来疗旧爱的伤。最后这种选择真的好吗？

万事都有利弊，治疗失恋的方法也一样。先说这种方法的好处。第一个好处，失恋后情绪跌入低谷，应对负面情绪最重要的一种方法就是转移注意力，所以才有人投入工作，有人选择旅行，有人去健身。投入一段新恋情，也是分散注意力，是抵制负面情绪的好方法之一。新恋情初期往往很甜蜜，这样既分散了注意力，又能产生愉悦的心情来对抗负面情绪。

第二，被分手之后，往往自尊心和自信心都会受挫，被分手的那方通常会认为是自己不好才被抛弃，觉得自己缺点多而不值得被爱，不值得被珍惜，他的自信心和自尊心都会降到最低，开始怀疑自己，甚至怀疑人生。这时出现一个很爱你的人，他对你很好，你就会感觉自己依然值得被爱、被珍惜，你的自尊和自信就会有大水平提升。

第三个好处，每一段亲密关系里都会有遗憾，失恋后总是容易后悔当初的一些做法和一些再没机会实践的想法。开始一段新恋情，可以把上段关系里的痛苦、经验、教训和反思都在新的亲密关系实践一下，从而你会发现自己还是可以把亲密关系处理得游刃有余，并从中成长。

有利也有弊，如果存在下面这三种情况，是绝对不能快速进入新恋情的。第一种，报复前任。前任可能因为劈腿跟你分手，你出于报复心理再找一个。第二种，再也不相信爱情。把爱情当作游戏，随便找一个玩玩，这样的感情往往不会有好结果。第三种，无法独处，不能忍受空窗期。不论这个人是谁，只要能陪你，你就接受。如果是这种情况，你真的要好好反思一下自己到底在怕什么？你的生活中除了爱情，还能抓住什么？

失恋后马上投入新的恋情，总体来说利大于弊。所以，失恋以后别一个人躲在屋里哭，要勇敢走出门去拥抱新恋情。

别傻了，男人都一样，只有工作不会辜负你。

治愈失恋，要么时间，要么新欢；治愈不了，要么时间不够久，要么新欢不够好。

毒闺密！

你丢了一部iPhone6，你妈给了你一个iPhone7，你会难过吗？

我对得起自己，对得起那段爱情。

——《失恋33天》

Q69 女生为什么不主动联系你

粉丝困惑　我前几天去参加一个工作上的聚会，认识了一个姑娘，聊得挺开心，互相加了微信，聚会结束后到家微信上互相寒暄了几句就睡了。之后她就一直没主动联系我，她是不喜欢我吗？

艾弥儿解答　女生不主动联系你，有下面这三种可能。

第一种情况，她不是不想主动，而是不敢主动。有些女生有社交焦虑和社交恐惧心理，会过分在意外人的看法和社会的评价，特别容易思前想后，过度解读别人的行为。所以她在“主动出击”之前也会思前想后，比如现在发消息合适吗？话这么说合适吗？如果消息发出一会儿却没得到热情的回复，又会想是不是刚才说的话太无聊了？他是不是不喜欢我？可能他都不记得我了，我干吗要主动给他发消息呢？各种纠结、怀疑、猜测会导致她情绪低落。为了避免负面情绪，她就会索性选择逃避，不再主动。

第二种情况，明明对你有好感，但偏偏不主动。她会把主动与不主动当成亲密关系里的一种博弈，一种“权力”较量。她认为谁先主动就输了，如果你喜欢她，肯定会主动联系她。其实这些都是感情里的误区，但很多女孩就是相信这些歪理，导致行为也受影响。

第三种情况，她心里根本没有你，所以不会主动联系你。

作为一个男生，你根本不需多想，还去猜测为什么女生不主动，如果你喜欢她，你主动就好了。因为你不主动，就百分之百得不到她。如果你行动了，至少还有百分之五十的概率可以抱得美人归。而且就算失败，反正你也是“无产阶级的单身狗”，也不会有什么损失。

哈哈，“无产阶级的单身狗”！

无产阶级单身狗……

女人的内心戏好丰富啊！

男人以进攻为荣，女人以后退为荣，好像是张爱玲说的。

我们太快地相识，太快地接吻，太快地发生关系，然后又太快地厌倦对方！

——《大城小事》

Q70 为什么两个人之间会日久生情

粉丝困惑　总是听说一见钟情有多好，网络上也总看见很多一见钟情的恋爱故事。但是我身边的情侣大部分都先是同学或者朋友，感觉好像是日久生情。一见钟情我挺能理解的，就是那种心动的感觉嘛，但是日久生情，是什么原因呢？

艾弥儿解答　爱情大体可以分为两种：一见钟情和日久生情。一见钟情需要天时地利人和，对两个人的颜值和身材要求都很高，其实绝大多数爱情都是日久生情，而日久生情从心理学上看主要有以下三个原因。

第一个是曝光效应。我们对经常能接触到并且熟悉的事物会产生比较好的印象。比如在超市挑选商品，对于电视广告中或者朋友口中经常提起的品牌，我们会感觉比较亲切，就会倾向于购买这个品牌的商品。人和人之间也是一样的，对于经常出现在我们面前，并且有互动和交集的人，我们会觉得他更有人际吸引力，也就更容易对他产生好感。

第二个是自我表露效应。所谓自我表露，就是多跟对方讲一些背景、经历、心理等，让对方更加了解你，对方才有可能慢慢喜欢你，爱上你。自我表露具有双向性，你对对方袒露越多，对方也越愿意和你袒露心声。这样两个人自然而然就从相遇相知到相亲相爱。

第三点是身体的距离决定心理的距离。如果两个人多一些身体上的接触和互动，比如说一起参加一些体育运动、户外运动，等等，那你们心理上的亲密感也会增加。

如果你喜欢上一个人，就多去接近他，和他交流，去了解他，和他有一些亲密的肢体接触，他慢慢也会爱上你。

日久生情比一见钟情靠谱多了！

一瞬间确认的不是爱情，那是性冲动。

感觉日久生情都是权衡利弊之后的选择呢，不如一见钟情纯粹。

每个开始毕竟都只是续篇，而充满情节的书本，总是从一半看起。

——辛波斯卡《一见钟情》

Q71 喜欢搞暧昧的人是什么心理

粉丝困惑　身边有一些搞暧昧的男生女生，既没有效率，还没有什么结果，所以很不理解，他们这些人究竟咋想的？

艾弥儿解答　暧昧就是关系中的一方或双方，在拒绝和承诺之间摇摆不定的状态。他们迟迟不肯进入一段明确而稳定的亲密关系，我来说说暧昧背后的心理。

第一，他希望自己能保留更多的选择权。如果他跟一个人确定关系，就相当于为了一棵树而失去了整片森林，没办法选择更多的人。但如果明确拒绝了眼前人，等于又失去当下这个选择。

第二，他在回避一些可以预期的痛苦。在暧昧期前表白，就相当于把选择权交给对方，万一被拒绝，他就会痛苦。如果对方同意了，两人成了男女朋友，就又会产生恋爱中的问题，包括冲突和争执等，这也会给他带来压力和痛苦。最重要的一点，一旦他开始一段关系，他就会处于恐惧中，总会担心这段关系最后以分手收场。为了回避这种可能会产生的压力和痛苦，他更倾向于选择不开始。

第三，处于暧昧期会给他提供更多的想象空间。两个人恰到好处的距离，脑海里可以幻想出很多个爱情脚本，他很享受这个过程，并且也不用承担任何风险和责任。但如果一旦确认关系了，就没有了想象空间。

但我想说，幻想归幻想，最终还是要回归现实，鲁迅不是说了吗，要直面惨淡的人生，正视淋漓的鲜血。建议大家还是要勇敢迈入爱情，虽然有点苦，但也有很多欢乐。

鲁迅说：我没说过这句话！

两个人都暧昧也就算了，就怕其中一方认真了。

谁认真谁就输了。

暧昧对象就是备胎嘛！

徘徊在似苦又甜之间，望不穿这暧昧的眼，爱或情借来填一晚，终须都归还，无谓多贪。

——王菲《暧昧》

Q72 五种方法让你忘记爱情的伤痛

粉丝困惑　我被相处了两年的男人甩了，他说他遇到了更喜欢的人，所以要跟我分开。我很爱他，我也不知道该怎么办。我觉得他只是被一时的新鲜感诱惑了，他还是爱我的，我愿意等他，可这段时间我真的好痛苦，怎么办？

艾弥儿解答　在一段感情里深深爱过，被分手之后难免会感到痛苦，很多人会在痛苦中沉沦到无法自拔。心理学家给出了五种方法，可以帮你从爱情的伤痛里走出来。

第一个方法，接受现实。很多人无法释怀的原因是还抱有希望，相信他会回心转意，你们可以重归于好，于是抱着希望久久不肯放手。所以第一步就是要接受他再也不会回来的现实。要知道，分手之后的内心戏，都是你一个人的独角戏。

第二个方法，多想想他的好。不管你们因为什么而分手，在分手前期，可能都会感受到对方的冷漠无情。分手后就容易对他产生仇恨和敌对的情绪，而这种情绪会让你一直深陷囹圄。你们恋爱一场，有他最后的冷漠无情，也肯定有最开始的甜蜜美好，多想想他对你的好，慢慢原谅他，放过他就等于放过自己。

第三个方法，去回忆并反思这段感情。很多人分手后，会变得不敢触碰这段失败的恋情，但有时候你越是逃避，它越会在夜深人静的时候反复提醒你。不如干脆坦然面对，回忆一下你们从最初到最终交往过程中的一些细节，但回忆时请暂时把情绪放下，重点是去思考一下在这个过程中，有哪些教训可以吸取，并且在新恋情中如何可以做得更好。这样对自己的成长也很有帮助。

第四个方法，用仪式感来彻底告别这段恋情。比如清理他留下的所有东西，或者写一封很长的信，不管是否发给对方，总之把所有想对他说的话都记录下来，然后彻底翻篇。

第五个方法，开始自己的新生活。试着去打破一些旧习惯，换一种穿衣风格，发展新的兴趣爱好，认识新的朋友，甚至开始一段新的恋情，慢慢就从旧爱的伤痛里走出来了。

人家都移情别恋了，等他干啥啊，好马不吃回头草！

暴打他一顿，也是一种仪式感，哈哈！

“分手之后的内心戏，都是一个人的独角戏”，太对了！

人这一辈子那么长，谁没爱上过几个人渣？

——《春娇与志明》

Q73 不作不死，爱情的四种死法

粉丝困惑　我跟我老公结婚刚一年多，恋爱的时候相处得挺好的，但是结婚后就总因为一些鸡毛蒜皮的事情吵架，互相指责，后来干脆冷暴力，互相不说话。这是怎么回事？大家觉得我们还能继续在一起吗？

艾弥儿解答　圆满的爱情总是相似的，但是作死的爱情各有各的死法。美国著名心理学家约翰·戈特曼在他的爱情实验室里花了40年研究婚姻和爱情，总结出爱情里作死的四招。他观察一对夫妻或者情侣对话五分钟，就能预测到他们未来的结局，神奇的是预测的准确率竟然达到90%以上。

第一招叫冷漠，典型对话："如果你这么想我也没办法"。夫妻或情侣在亲密关系中会面临各种问题，如果一直不解决或者用冷暴力去面对，那问题积累多了，感情也就覆水难收。

第二招叫指责，典型对话："你总这么不小心，就知道发脾气"。当你把一个人对生活中一件小事的态度变成了对伴侣的评价，而且是负面评价，这种评价既不能解决问题，又伤害了对方的心。

第三招叫不屑和看不起，典型对话："反正我也指望不上你了，你也帮不上什么忙”。这种不屑不仅是对伴侣能力的负面评价，而且你否定了他对这段亲密关系的所有付出。约翰·戈特曼说不屑和看不起是婚姻关系中最危险的一个信号。

最后一招叫借口和反驳，典型对话：“这也不是我的错啊，我也没有办法，我也不想这样”。当亲密关系中出现问题，如果你们都不想着去解决问题，而是想办法找借口开脱，当婚姻中出现这种信号，你们也要反思了。

上面这四个表现也是婚姻走向危险的信号，希望大家有则改之，无则加勉。

离了吧！趁没孩子！

楼上的，站着说话不腰疼。

前男友后来就是，吵架也不解释了，也不哄我了，就是一句爱搭不理的“你这么想我也没办法”，所以，就变成前男友了。

人们总把“我爱你”挂在嘴边，可那往往言不由衷。

——《人鬼情未了》

Q74 了解了这三点，你的爱情才能长久

粉丝困惑　为什么有些人性格温和，人品也不错，但是感情路总是不顺。而有些人感觉她有很多缺点，但是人家爱情谈得甜甜蜜蜜，还能走入婚姻。所以艾老师，爱情里是不是一个人做得好还不够，到底是什么决定了一段感情会不会持久呢？

艾弥儿解答　心理学家曾经针对这个问题做过一些研究，他们发现如果能做到以下三点的感情更容易持久。

第一点是积极错觉。你始终对对方抱有积极正面的想法，就算对方有缺点，在你看来也是优点大于缺点，而且你认为他的缺点会慢慢改正。恋爱中的双方都要相信这段关系能走到最后，这种心理上的暗示是非常重要的。

第二点是情感账户的收支平衡。一段亲密关系中，双方都会投入时间、精力、金钱、情感，等等，这些都是我们在共同情感账户里的投入。如果一方投入过多，而另一方投入过少，产生不平衡，感情就容易有裂痕。只有双方的投入旗鼓相当，两个人都觉得公平满意，这段感情才有可能持续下去。

第三点是心理弹性，类似心胸宽广和豁达心理。有时候亲密关系

中的对话里难免会对对方有些负面情绪或者负面评价，具有心理弹性的人就会把负面的情绪和评价转换成比较轻松愉快的话题，而没有心理弹性或者过于敏感的人，往往就会抓住负面情绪，并且把它不断放大。比如当男生觉得女友胖乎乎很可爱，就捏了捏她的小脸说好像小猪喔，如果女朋友很敏感，就会说觉得男生是嫌她胖，就很不开心；但如果女生具有心理弹性，可能也会跟男生开玩笑说那你岂不是猪老公？其实这种幽默和豁达，才能让两个人变得更亲密，更融洽。

说女朋友像猪的都是钢铁直男。

积极错觉给人感觉很矛盾，积极但实际上是错觉。

枯藤老树昏鸦，空调WiFi西瓜，夕阳西下，我丑，正好你瞎。

回家找个小本本开始记账，欠了我的给我还回来。

爱是生命的和弦，而不是独奏。

——《爱情与灵药》

Q75 情感不成熟的三个标志

粉丝困惑　我26岁，女友22岁，女朋友其他方面都还不错，漂亮可爱，身材也好，属于比较招男生喜欢的那种类型吧。但就是长不大，有时候乱发脾气，不顾及别人的感受，感觉我就像带孩子一样。我们之间的感情还不错，但就是感觉她不太成熟，心累，感觉快坚持不下去了。

艾弥儿解答　很多感情走不下去就是因为一方在情感上非常不成熟。而情感不成熟有下面三个典型特征，如果你女友有以下特征，那你们两个需要坐下来好好聊聊。

第一个典型特征是情绪难以自控，容易走向极端。当工作上遇到一些挫折，回家之后就一直沉默，当她找到一个导火索，就会瞬间爆发，对另一半发脾气。如果你足够成熟，你可以试着教她通过倾诉、运动或者其他分散注意力的方式缓解一下情绪压力。

第二个典型特征是以自我为中心，不注重别人的感受，也就是我们经常说的自私。一起吃饭时，只点她喜欢吃的菜；两个人亲密接触，也只注重自己的感受。只注重自己感受的人，完全不为你着想，那你可能就会觉得孤单、无助，感受不到爱。

第三个典型特征是极度缺乏安全感。比如女生常有的，让你用各种方式证明对她的爱。要不就总是怀疑和猜测，不让你跟任何异性同事或朋友有除了工作之外的任何接触，手机也要给她看，不能有任何私人空间。利用自己的不安全感向你不断地索取情绪价值，你会感觉很疲惫很累，也就慢慢“累觉不爱”了。

22岁还是个小女生嘛！

查手机的女人很可怕。

你不要你女朋友。介绍给我好了，我喜欢不成熟的。

没有安全感，你就给她安全感啊！

内心的安宁才是安全感的来源。

——韩寒《一座城池》

Q76 初次见面，如何和异性聊天

粉丝困惑　我面对不太熟悉的异性很容易尴尬，说不出话，但在同性面前我是挺能说的人。可是跟心仪女生第一次见面该怎么聊天？聊些啥？

艾弥儿解答　男生第一次和心仪的女生见面聊天时该做些什么？研究亲密关系40年的著名心理学大师约翰·戈特曼总结出两“不”三“要”。

第一“不”就是不要试图讲笑话来逗她开心。刻意讲的笑话很容易变成冷笑话。

第二“不”就是不要滔滔不绝地讲自己或者自己关注的话题。

那三“要”是什么呢？

第一要引导女生多谈谈她自己。女生第一次和异性见面聊天时心里总会有点不自信，也不知道该说什么，对于有些话题也会犹豫。这时男生一定要多提问，多倾听，鼓励她多聊聊自己的生活、工作、兴趣爱好等。在她说的时候，你安静地倾听就好，千万不要打断她，也不要快速切换话题。

第二要在对方说话时，看着她的眼睛。约翰·戈特曼发现一般男女初次相见对视超过两分钟，他们就会迅速产生一种亲密感和彼此喜爱的感觉。所以第一次见面，与其冥思苦想，费尽心思找话题去表达自己，不如安静地看着她的眼睛，说不定她会更容易喜欢你。

第三要在第一次见面时，保持低沉的声线。男生为了表现出自信和力量感，说话声音会比较大。但研究表明，声音比较低沉的男生，更容易吸引女生，声音低沉会给女生留下成熟稳定有安全感的印象，这恰恰是女生一直在寻找的。下次和女生聊天，记住声音声调都尽量低沉一些，会更招女生喜欢。

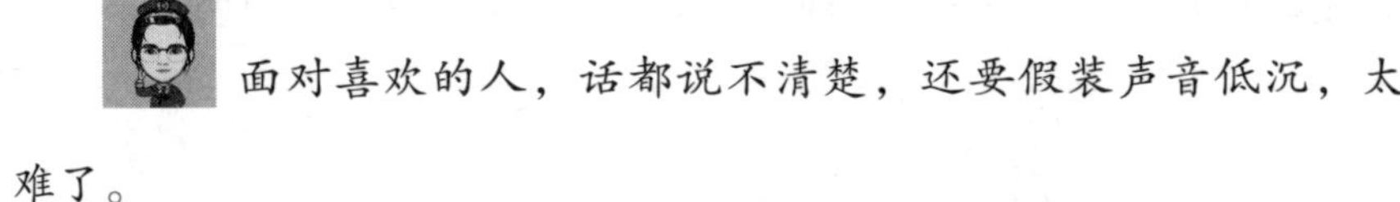
面对喜欢的人，话都说不清楚，还要假装声音低沉，太难了。

君子动手不动口。

千万别讲黄段子。

可以带她去看电影或者唱歌，就不用说话啦！

初次见面，我叫张代晨。

Nice to meet you.

——《记忆大师》

Q77 男人如何应对“物质”的女人

粉丝困惑　我收入很一般，处了一个女朋友，她没有介意我的收入，本来都挺好的，最近忽然跟我说要买一个名牌的包，说同事都背那个牌子的包。你说女人是不是终究都很看重物质啊？我给不给她买这个包啊？

艾弥儿解答　对于你说的这种情况，给你三点建议：

第一，不去评判，接受现实。有些男人喜欢年轻貌美的女人，有些女人喜欢物质条件比较好的男人，这样的男人会给予她一定的保障，这种物质需求无可厚非。既然现实就是如此，你接受并面对会更好一些。

第二，找对象，尽量找一个物质需求和你的物质收入相对比较匹配的女生。不要找物质要求特别高，你即使再努力也根本hold不住的女生，要不然以后的生活压力会很大，你们之间的冲突也会越来越多。

第三，如果前面两点你都做到了，但是偶尔女朋友也会跟你提出一些比较高的物质需求，比如你女朋友想买一个名牌包包，还说别人都买了她没买，就觉得很委屈。其实这时候女人心里不一定是非要这个包不可，而是希望证明你对她的宠爱。所以这时候你可以告诉她喜欢就去买，你肯定会给她买，她什么时候想清楚了就什么时候一起去买。这里前面的半句话其实证明了你很爱她。一般女人听到这句话时，她的内心需求就已经满足了百分之八十，这时候她会比较理性地去考虑这个包包到底值不值得买，你的条件能不能负担起这个包包。所以，这时候你得给她留空间，让她做决定。如果她决定不买了，她会认为你很爱她，不是你舍不得给她买，而是她自己懂事；如果她最后还是决定买，那你就当作宠爱她一次，她了解你的情况，之后她也不见得一直会提这种过分的要求。

太对了，女人在意的是男人的态度！

万一下次再要呢？

我就想问问，什么牌子的包啊，我也想买一个。

自己赚钱自己买去嘛，低三下四地求人干吗？

没有物质的爱情只是一盘沙。

——《小时代》

Q78 中年男子追年轻姑娘的大忌

粉丝困惑　我呢，是一个公司老总，今年42岁了。前一阵子在会展上认识了一个姑娘，刚大学毕业，是个漂亮机灵的姑娘，跟她聊天吃饭很愉快，我对她有意思，想追求她。艾老师，你觉得该怎么追？有什么特别需要注意的？

艾弥儿解答　中年男子追求年轻姑娘，首先有两个大忌，第一是装成熟，总是跟小姑娘谈理想、谈人生，谈自己的人生阅历，但实际上年龄并不代表阅历，阅历并不代表智慧，就算你对生活有过来人的经验，也不见得能适用于小姑娘的世界。

作家王朔就说自己以前特别喜欢和年轻姑娘谈理想、谈人生，有一次就跟一个二十出头的姑娘侃侃而谈，谈了两三个小时，那姑娘目光里都是尊敬和崇拜。他特别开心，后来姑娘借口有事出去了，他也正好去卫生间，恰好听到她在打电话，原来她跟朋友抱怨说有个中年大叔跟她聊了快三小时人生理想，快把她烦死了。从这以后，王朔就再也不跟年轻姑娘谈这些人生理想了。

第二个大忌是装嫩，扮年轻。中年男为了向年轻姑娘靠近一点，人家刷抖音，你也刷抖音；人家爱听什么歌，你也去追这首歌；人家去夜店，你也穿上了自以为新潮的衣服跟着一起去。可到了夜店你发现周围都是18岁的小伙子，行走的荷尔蒙，你一个中年男人在中间显得特别突兀。这是典型的拿自己的劣势去拼别人的优势，这也不可取。

其实你作为公司老总，除了有钱以外，最大的优势应该是你自己精神和性格上的一种成熟和平和。这包含两个层次的含义。第一说明你和这个世界已经和解了，你知道付出什么，会得到什么。你不会有年轻人的种种抱怨，愤世嫉俗等不好的情绪。

第二说明你跟自己和解了。人到中年也总算知道有些事情能做，有些事情不能做，有些事情能得到，有些事情再努力也得不到的事实。你应该已经完全接纳了自己，所以心态就非常平和。而当下年轻的姑娘和小伙子们最大的特点是什么？就是浮躁。中年男人精神上的平和，情绪上的稳定，才是对年轻姑娘最致命的吸引力。

把她招进公司再说嘛！

可以做女秘书，哈哈！

人生就是不断地和自己和解的过程。

王朔谈理想谈人生应该挺有意思的啊，小姑娘不识货。

中年男人谈恋爱，再热烈还似温开水，中年男人失恋，犹如失去的金手表，慨叹之余，立刻作罢。男女间年龄的巨额差距，致命伤不是谁比谁先死，而是心怀的相差。

——亦舒《结束》

Q79 女人释放哪些信号，你才可以去搭讪

粉丝困惑　我们在同一社团的不同部门，我想认识她，有几次想和她一起走，然后顺便搭讪聊天啥的，都因为别人的加入而导致错过，这样弄得我还挺紧张的。艾老师，你说她有没有注意到我呢？我怎么确认她是不是对我也有点意思？

艾弥儿解答　其实在你开口之前，很多事情就已经有了结果。

搭讪成功与否，取决于她对你有没有兴趣，有没有在人群中注意到你。如果她对你有兴趣，她会释放以下这些信号，所以你要注意观察。

第一，她会眼光时不时的看向你，而当你看着她的时候，她又会躲开，但过一会儿她又会看着你，眼神不断地朝向你。

第二，无论她在做什么，她身体的方向都有意无意地朝你这边转动。

第三，她会做一些比如撩一下头发，摆弄一下耳环等之类的动作有意无意地吸引你。

第四，她会对你微笑，微微一笑很倾城。

第五，如果你们很多人一起聊天，组织一些活动的时候，她会故意擦肩而过，轻轻地触碰你一下。

如果你捕捉到这些信号，那么你的搭讪就成功了一半。另一半你

还可以做的是去吸引她。研究表明，有以下行为的男性会对女性更有吸引力。

第一，肢体尽量要舒展，试着说话的时候双臂舒展开，占据一个较大的空间。一般女生会觉得这样的男人更自信，更有权威。

第二，如果你正好跟你哥们儿在一起，你可以和他们做一些兄弟间的那种身体接触。比如可以拍拍兄弟的肩膀，高兴的时候击掌庆祝。女生认为男性好友间的这些举动是很有男子气概的一种行为，她们更喜欢看到你这个样子。

第三，不要紧张，要放松，你要保持一种征服感。试着去直视她的眼睛，对她微笑，一直看到她躲开你的目光为止。这样会让她的心砰砰直跳，然后莫名对你心动。

做足这几点前戏，你再去开口搭讪，只要你简单问候一句你好，表示你很想认识她，那十有八九就能成功。

涨姿势了，搭讪也有这么多前戏呢！

哥们儿就是给你当摆设的，哈哈哈！

万一她看上你哥们儿了呢？

世界上最遥远的距离不是生和死，而是站在你面前却不能说：我爱你。

——《星愿》

Q80 女人在亲密关系中到底要什么

粉丝困惑　我女朋友说实话，她挺好的，长得有7分吧，身材8分。但唯一有点让我痛苦的是她有点作，总是因为各种小事跟我闹情绪，跟她好好地分析问题讲道理又不听。我有时候真的不懂，她真正想要的到底是什么？就是为了跟我吵跟我闹吗？

艾弥儿解答　女人情绪低落时，她希望男人能够接纳并安慰她，很多男人遇到这种情况只会着急给女人一个解决办法，帮助她从情绪中快速走出来，但女人真正需要的并不是理性的分析和解决方案。

那具体应该怎么做呢？给大家四点建议：

第一，当女人心情低落、出现一些负面情绪的时候，你要把你所有的注意力和关注都给她，也就是说你要放下手机，关掉电视，把你所有的注意力先放在她身上。

第二点，肢体语言很重要，你的身体要全然转向她。男人喜欢并肩战斗，他们坐在一起，目光朝向一个方向的时候会觉得舒服，可女人喜欢四目相对，有眼神交流，所以你的身体一定要转向她。

第三点，你一定要非常耐心地倾听她的感受。让她把所有心情低落的原因，不舒服的感受都倾诉给你。

第四点，听完以后你只要表达一下理解和接纳就可以了，最后再给她一个大大的拥抱，在她没有主动寻求解决方案时，不要试图给她建议，抱着她就够了。

女人根本不看重解决方案和结果，她看重互相交流的过程。在交流过程中情感得到了满足，情绪在两人之间自由流动，这时你们在情感上建立了连接，她也就有了安全感和信任感，不会“作”了。

男女思维真的是不一样啊！

长相7分身材8分，作一点儿你就忍了吧兄弟！

直接按倒！

我得转给我男朋友好好学习学习。

女人啊，你究竟想要什么？

——《天才在左，疯子在右》

Q81 吵架如何不让冲突升级

粉丝困惑 平常家里洗衣做饭等事情全是我负责，她除了不主掌家里的家务之外，与大部分的女人也没有任何不一样。但是她跟我吵架的时候嘴特别凶，咄咄逼人，吵架一般是她赢。但有时候我真的不爽，明明是她的锅，还要甩到我头上，有时候气得我都想打她，怎么办呢？

艾弥儿解答 恋爱或婚姻中难免会发生矛盾冲突，但夫妻之间没什么深仇大恨，也没有什么关乎原则的问题。如果两个人都能心平气和地沟通，这些矛盾其实都不是问题。可是往往就在双方情绪不受控制的时候，比如在气头上，冲突和矛盾就很容易升级，双方于是说出一些伤人的话。

在情绪管理里，有三个被验证过的既简单又有效的方法，可以控制你暴躁的脾气。第一个是深呼吸，第二个是数数，从一数到二十，二十不够数到五十，这两种方法都可以缓解你的愤怒，压制你想要发泄的冲动。当你生理症状被平息时，情绪自然就平和了。

如果你深呼吸和数数都试过了，你还想在身体或语言上攻击对方，那就让自己暂停一下，休息30分钟。这里暂停不是吵到一半就把对方撂那，转身就走，那是逃避，并且会让对方更加愤怒。她觉得你没有正视问题，你回来后还是会吵。真正的休息是，你明确告知对方你离开的原因，你可以说："我现在控制不好情绪，没办法跟你好好沟通，我需要安静一下，大概需要30分钟，30分钟后我回来再跟你好好聊，我是爱你的，并且我也不会离开你。"记住一定要加上最后这句话，因为当你说出最后一句话的时候，她的气可能已经消了一大半。

在休息的30分钟里，不要去回想对方的不足或缺点，也不要去想怎样才能在刚才的争吵中据理力争，更不要把自己想象成一个受害者，正在被不公平的对待。因为如果你还在纠结这些事情，那休息30分钟还是做的无用功，你的身体依旧处在那个愤怒的状态。

在这30分钟里，你可以翻翻杂志，看看手机，听听音乐，下楼散散步或者做运动，去转移你的注意力。从长久来看，在预见可能会产生的矛盾时，你们可以设立一些比较有仪式感的处理方法，比如当两个人都愤怒的时候，或者某个人的声音提高的时候，就做一个暂停的手势，然后分别休息20分钟，20分钟后再沟通交流。在相处的过程中，严格遵守这种具有仪式感的规则，对解决矛盾和冲突都非常有帮助。

数羊！

不要跟女人吵，你是根本吵不过女人的。

不管什么事，先道歉肯定没错。

真正的所谓相亲相爱，并不是从来不吵架，而是一直在吵架，从未曾分开。

——耳雅《SCI谜案集》

Q82 这四种女人，遇见了千万要躲开

粉丝困惑　艾老师，现在的女生太多了，交友软件上也很容易撩到几个不错的妹妹，但是呢交朋友还可以，选女朋友还是要慎重，我就想问，有没有一些不适合做女朋友的女人类型啊？

艾弥儿解答　我看过一篇心理学的文章，其中讲到在亲密关系中，具有以下四种心理的女人要慎选，我觉得也许对你有参考价值。

第一种叫受害者，她总爱抱怨自己的负面经历。她总说什么父母没那么爱她，朋友背叛了她，同事算计了她，前男友劈腿，等等，觉得所有人都对不起她。觉得这世界非黑即白，人要么就是好人，要么就是坏人。遇到这种女人，最开始她会认为你是好人，救她于水深火热之中，但是在相处的过程中，但凡你有一些让她不满意的地方，她就会把你归为坏人。

第二种叫公主病，她有一种很强的优越感。她觉得服务员、快递员这些人都低人一等，你为她做的所有付出，比如帮她开车门，请她看电影，等等，她都觉得理所当然，从来不会有任何感谢之意，也没有任何同理心。遇到这种女人时，刚开始她觉得你是她的白马王子，但过不了多久她对你的态度就会像对待她眼中的下等人一样，颐指气使，不把你当回事。

第三种叫竞争者。她从遇见你开始，就不断地向你炫耀自己的

某些成就。她对待所有的事情都是一定要争、一定要赢的态度，不关心你，也不理解你的感受。这种女人通常控制欲比较强，她对自己也非常苛刻，所以在她面前很难放轻松。她的确很优秀，但是你作为男人，存在感就要弱很多。她甚至还会通过跟其他异性调情，激起你竞争和嫉妒的心理，让你觉得能够赢得她的芳心，是你毕生的光荣。跟这种人在一起，你会非常疲惫心累。

第四种就是“作女”，她总想把日子过成电视剧，在恋情中遇到所有的问题都要你负责解决。遇到“作女”，最开始很多男人会觉得自己被需要，特别有存在感，一旦时间长了你会发现这种女人很麻烦，毕竟你需要的是一个人生伴侣，而不是给自己添堵的人。

是我的话，我会选胸大的。

我不喜欢强势的。

会问这种问题的，应该在现实中没得挑吧。所以洗洗睡吧。

“总想把日子过成电视剧”，可惜没有女主的容颜，哈哈！

一个好女人，能把男人变成快乐的人，一个坏女人，能把男人变成哲学家。

——苏格拉底

Q83 女人为什么会“冷淡”

粉丝困惑　与相恋四年的女友同居了，当然我们的同居是以马上结婚为前提的！女友是个清纯的、有点胖乎乎的女孩，我有时候会拿她开玩笑说她肉手肉脚的，跟小猪似的。我们感情一直挺好的，就是在亲密接触的时候，她反而对我有点冷淡，好像有点儿自卑，这是为什么啊？

艾弥儿解答　考你一个问题，当女人问你她穿这件衣服是不是显胖时，你会怎么回答？唯一的标准答案就是：“你穿什么都好看。”记住，这是唯一的标准答案，主要有三点原因。

第一，女人对自己的颜值和身材非常在意。这个社会的现实给女人的印象就是：大多数男人都喜欢年轻貌美身材好的女人。所以很多女人会认为颜值和身材在爱情里很重要，对这方面特别在意。

很多男人觉得开玩笑是调节气氛的好方法，但是有些时候一句玩笑话却会给女人带来深深的伤害，她会一直记得你说过的玩笑话，之后你可能要用无数的赞美和恭维才能抹去对她的伤害。女人对自己身材外貌的重视程度绝对超乎你的想象。

第二，无论什么女人，就算是像我这样身材还算不错的，其实对自己的身材也不满意。女人每天都会看到几百条广告，广告里展示的都是完美的脸蛋和身材，可这种完美几乎是一个普通女人永远也达不到的。一个女人希望至少在她爱的男人眼中自己是完美的，希望你就喜欢她原本的样子。男人应该多表扬她，让她感受到自己是被爱的。

第三，很多时候女人冷淡不是因为不爱你，也不是因为她不接受你，而是她们还不够爱自己，不能接受自己身体原本的样子。这时候你要不断地赞美她，表达你对她的接纳和欣赏，让她知道自己很美，至少在你眼中是美丽的。当她接纳了自己的身体，就会有自信在你面前展露身体，也就可以放松大胆地跟你进行身体接触了。

男人爱年轻貌美，女人爱钱，这个社会病了。

想看艾老师的身材有多好，哈哈！

真羡慕同居的，一个人被窝里都是凉凉。

猪在女人眼里是最不招人待见的动物，切记切记！

如果我故意对他冷淡，不过是显示我的幼稚。

——亦舒《城市故事》

Q84 如何成功地挽回女朋友

粉丝困惑 从知己好友到现在像仇人一样，再也不想理我，我承认大部分都是我造成的。我控制欲很强，缺乏安全感。她忍了很多次，这次非常决绝，但是我不想失去她。我怎样做才能挽回这段感情？

艾弥儿解答 我前几天正好看到一篇文章写到女朋友提出分手后，释放出哪些信号，证明这段感情可以挽回，想挽回的话，该怎么做。和你分享一下。

首先是也许可以挽回的信号：

第一个信号，在朋友圈表达自己负面情绪，发一些表明最近很孤单、很寂寞、渴望有人关爱等状态的句子，同时还会关注你的朋友圈和其他社交账号，偶尔给你点赞或评论。

第二个信号，她有事没事就找你聊天，比如说充电宝落在你那了，或者问你某某的联系方式还有没有，又或者发了条信息又迅速撤回，这都是她有意无意想找你聊天的信号。

第三个信号，在某些节日或者你们两个的纪念日，她会发条朋友圈，甚至直接跟你发一些感慨，怀念你们的感情。

那当你收到这些信号的时候，怎么去挽回呢？有四个步骤。

第一步，断联。跟她切断一切联系，如果你一直跟她藕断丝连，她会觉得还没有失去你，你对她来说就是挥之则来，呼之则去的人。只有切断一切联系，她才能意识到自己真的失去你了，才可能想起你的好。

第二步，蜕变。蜕变是挽回的最佳武器。在你们暂时分开的这段日子，要努力成为更好的自己，不论是在外形、事业，还是兴趣爱好上，一定要让她看到一个全新的你。这样一来可以转移自己的注意力，二来就算最后没有挽回成功，但自己变得更好了，也能找到更好的姑娘。

第三步，创造情感共振。比如当你走过一条你们之前一起走过的街道，你可以说："刚刚走过我们之前常走的街道，街道还是老样子，心里颇多感慨。"这样一般会引起她的共鸣，如果她也表示怀念，那你就可以进行最后一步了。

第四步，带她去做一些她一直想做，但是你们在一起时并没有做的事情。比如她特别想尝试一次蹦极，也特别想去草原看满天繁星，这时候你可以带她去完成这些未完成的小梦想。那这一次你们相遇时，百分之八十就能挽回成功。

好马不吃回头草，你没听说过吗？

有恨证明还有爱，看过一句话，爱的背面不是恨，是冷漠。

赶紧去找她吧，等这些信号都释放完了，人家说不定就有新男朋友了。

刚刚走过我们一同走过的街道，好想吃街头那家羊肉串，哈哈！

世上有可以挽回的和不可挽回的事，而时间经过就是一种不可挽回的事。

——村上春树《国境以南，太阳以西》

Q85 三个方法让你遇见喜欢的女生不紧张

粉丝困惑　我每次见到她都紧张到不行，可能陷入了一种思维模式吧，怎么也改不掉，有一次都紧张到快吐了，那次之后就特别担心下一次见面。而且每次一想到她就会下意识地紧张，很影响我的生活，自己都觉得不是因为喜欢她，而是因为怕见她时会紧张而紧张了，我该怎么改变？

艾弥儿解答　很多男生都会遇到这样的问题，一碰到自己心仪的、喜欢的女生就紧张，脸红，心跳加速，不知道怎么开口说话。有时候甚至会因为心情紧张而错失机会。我分享三个方法，让你跟异性接触时不再紧张。

第一个方法，把她当朋友慢慢相处。男生碰到喜欢的女生往往都是一见钟情，基本第一眼都是看她的颜值和身材，但一见钟情并不代表久处不厌，更不代表两个人就适合做男女朋友。所以你应该抱着先跟对方做朋友的心态，在后续的相处过程中再确定是不是可以做男女朋友。

通常女生确定自己喜不喜欢对方的时间都比较长，至少你们要线下单独约会六次，她才能确定喜不喜欢你。所以，你在最开始不要有太强的目的性，也不要有“一定要让她做我女朋友”的心态。在大家都比较放松的情况下，气氛就没那么紧张了。

第二个方法，多接触异性。很多时候恐惧和紧张都是因为对一个事物不了解，因为只有未知的事情才会让人感到紧张。男女有别，女生总是很神秘，给人捉摸不定的感觉，她的喜怒哀乐都是不可确定的，这时你接近她，你就容易紧张。所以一般20岁的男生容易紧张，等你到40岁时基本就不会紧张了，因为接触的异性多了，了解以后就不存在未知了。男生应该同时多接触一些除了女友之外的其他女性，比如亲戚、同事、朋友等，多和她们相处，越了解女生就越不容易紧张。

第三个方法，在和你喜欢的女生约会见面时，把关注点一直放在她身上。如果你只关注自己，老想着自己的穿着得不得体，说话是否幽默，她会对我留下什么印象，等等，对这些事情的关注也会让你感到紧张，因为你总在担心对方会对你做出负面的评价。

换个角度，如果你把关注点放在对方身上，要知道女生单独跟你出来，其实她也有压力，也会感到紧张。关注她情绪状态的变化，适当地找一些轻松的话题，让她不那么紧张，这也有利于你们俩顺利地交流和相处。

至于么，紧张到吐？你是不是没见过女人长啥样啊？

无欲则刚，阿弥陀佛。

多接触异性，嗯，可以的。

初生牛犊才不怕虎呢，有啥可紧张的。

在所有不被想起的快乐里，我最喜欢你。在所有人事已非的景色里，我最喜欢你。

——张悬《喜欢》

Q86 没有这两点，再多的付出也换不回爱情

粉丝困惑 我很喜欢她，我追求她的时候付出很多，最后女生说我人很好，可就是对我没有感觉。我付出了这么多却换来一张好人卡，我觉得很委屈，付出为什么换不来爱情呢？

艾弥儿解答 你单方面付出，对方的接受并不代表喜欢。只付出是换不回爱情的，这就是残酷的现实。如果想让女生发自内心地爱上你，至少要让她感受到这两点。

第一，让女人因为你而产生情绪上的波动起伏。如果她见到你感觉像在天堂，见不到你就寝食难安，产生了这种情绪上的波动她才会感觉自己爱上了你。所以在交往初期最忌讳过于平淡，女生在恋情中感受不到任何新鲜、刺激和波动的感觉，自然就会觉得对你没感觉。

第二，女生爱上你的瞬间一定是先在身体上本能地被你吸引。男生爱上女生往往都是本能的性冲动。女人也是一样，她一定要在某个瞬间，感觉被你身上的男性本能吸引，才会产生爱上你的感觉。举个例子，我曾经看到一个男人大转弯打方向盘的动作非常流畅，很有力度感，而且还能看到他手臂若隐若现的肌肉，就在那一瞬间我很动

心，想要和他发生些什么。还有一些偶像剧里常见的桥段，两个人是普通朋友，某个瞬间男生突然动心了，就去亲吻女生。女生力量很小，也无法反抗，一开始还会推脱一下，最后还是欣然接受。这个瞬间打动她的，就是男性的力量感。当然，前提是她对男生也有感觉。

没有这两点的话，单纯地付出要么换来一张好人卡，要么她因为过于感动，又没有其他选择，就选择暂时跟你在一起。以后她碰到真正令她动心的人，还是会选择离你而去。

这是不是说明感情是没法培养的？

艾老师喜欢老司机呀？

想起一首老歌：让我欢喜让我忧。

原来女生也很“色”啊，健身去！

有结果的付出叫付出，没结果的付出叫代价。

——刘同《你的孤独，虽败犹荣》

Q87 错过了女朋友切生日蛋糕的时间，她不理我了该怎么办

粉丝困惑　女朋友生日叫我去吃饭和唱K，我临时有事儿去晚了，就没来得及买生日蛋糕，她很不高兴，第二天约她吃饭她不理我了，坚决要分手，我该怎么办？

艾弥儿解答　从这个女生的行为表现来看，她应该比较注重“仪式感”。过生日一定要切蛋糕，情人节就一定要收到花，圣诞节一定要送礼物，等等，这些都是她比较看重的。既然你错过了这一次，在哪里跌倒就在哪里爬起来，你可以再找个浪漫的地方重新布置，把蛋糕、鲜花、蜡烛和礼物统统准备齐全，给她补过一次生日，给她一个惊喜，这是一个救急的弥补方案。然后在接下来的类似情人节这种节日里，也不要少了仪式感这种氛围。

往深层次看，“忘记了买生日蛋糕”并不是一件触犯原则的大事，但是因为这件小事她就坚决分手，大体可以看出你们在这段关系中的地位并不完全平等。她掌握着主动权，占据着优势地位。生活中可能也是你更加主动，小心翼翼地维护着这段关系。如果你想把这种不对等的关系维持下去，就只能继续付出很多时间、精力和关爱，并

且为她提供更多的情绪价值。

其实我认为一段好的亲密关系是互相匹配且势均力敌的，这样你们都会轻松一些。如果某天你突然觉得这样的付出太累了，可以考虑换个跟自己旗鼓相当的女朋友，这样也许更好。

矫情矫情矫情！

你居然连女朋友的生日都不记得买蛋糕？

我觉得重点是你没送对礼物。

我觉得重点是你让她在朋友面前很没面子。

在她房间里放了一块手表，一块生鱼片，还有一个气球，意思就是："表"（不要）生气……

——《爱情公寓4》

Q88 一个男人既不想离婚又不想和小三分手，是什么心理

粉丝困惑　本人35岁，已婚育有3岁女儿。婚后过得虽然不富裕，但还算幸福。近期发现老公出轨公司女同事，我提醒过他，但是他依旧不改。他和那个女人朝夕相处，想必是动了真情。我想离婚，但是他不愿意。我让他跟小三了断，他也没有彻底断。他到底是什么意思？

艾弥儿解答　这个问题我从两个角度来回答。

第一，心理层面。很多男人到了一定年纪，就非常清楚婚姻和小三之间的区别。婚姻可以给予他放松稳定的生活，不仅是对老人孩子的责任义务，也是一种老有所伴的安全感。随着时间的流逝，婚姻不再有激情和欲望，可能某些精神上的交流也没了，而精神交流恰恰是公司的小三能够给予他的。男人希望鱼和熊掌可以兼得，才既不同意离婚也不放弃小三。但他心里也很清楚，一旦小三登堂入室，那这种和小三之间的新鲜感、紧张感和激情也会一并消失，所以他既不离婚也不放弃小三。

第二，现实的角度。对于一般的男人来讲，离婚娶小三的成本太高了，比如买房，男人通常不会为了小三付出这么高的成本。除了经济上的成本以外，还有情感上的成本。比如你对孩子的情感投入，

与孩子分离后的情感纠葛，以及对双方父母的愧疚之情等。如果娶小三，既要照顾原来家庭的老人和孩子，还要照顾小三这一方的老人孩子，这些都会极大地消耗他的时间、精力和情感成本。

第三，道德层面。虽然社会上离婚率已经很高，但是如果男人因为小三而离开原配，还是会遭受来自亲朋好友道德上的指责，大多数人会认为他人品不好，这种事也会影响他的事业和名誉。

综上所述，男人的心理就是既想鱼和熊掌兼得，又不愿意付出太高的成本。既不离婚也不放弃小三，是他们想要自身利益最大化的一个选择。

但俗话说得好，出来混，迟早是要还的。这种状态很难持续，小三不甘愿长期做小三，妻子也不愿意长期忍受痛苦，最后某一方的不满一定会打破这个表面上的平衡，男人也终归要作出选择。

吃着碗里的，看着锅里的。

有了孩子，哪能说离就离啊！

心疼这个原配，还“提醒过他几次”！

自己出去旅游个把月，把孩子丢给他管，立马就老实了。

绝不试图去从感情废墟中刨回任何的断壁残璋。

——威廉·特雷弗《出轨》

Q89 爱人之间有没有必要看对方的手机

粉丝困惑　艾老师，我女朋友总想看我手机，我不想给她看。不是因为我心里有鬼，而是我觉得这属于个人隐私，我有权维护自己的隐私。而且我觉得被看手机，有种被偷窥的感觉，心里很不舒服。恋人是否有权限看对方的手机呢？

艾弥儿解答　这种事情没有标准答案，也没有应不应该。这是你们之间的一种默契，如果双方都觉得亲密关系就应该是亲密无间的，所有秘密都是可以分享的，那互相看手机也没问题。但是如果双方都觉得即便感情再亲密，彼此也需要保留一定的独立空间，互相信任和尊重，那就没必要看。

我个人觉得没有必要看男朋友或者老公手机。因为你们感情的好坏是能感受得到的，如果彼此信任，感情也很好，就没必要看对方的手机；如果感情没那么好，对彼此也都不太放心，那看手机的行为就等于是人身管制。

要知道，很多事情其实是管不住的。如果看手机可以发现男朋友（丈夫）或女朋友（妻子）出轨，“看手机”能挽回什么吗？如果对方不想让你知道某件事，那么他一丝不苟、不露痕迹地去做，你是不会知道他出轨的。如果他不在意你的感受，肆无忌惮地去做，证明他在这段关系中处于比较强势的地位，根本不在意你知不知道，会不会导致离婚，这种情况下看了手机也是自寻烦恼。

人生智慧就四个字：难得糊涂。

我就能随便看我老公的手机。

楼上的，你老公可能有俩手机，呵呵。

老夫老妻哪来的隐私啊？

都说女人是男人身上的一根肋骨，你跟你的器官讲隐私！

——马薇薇《奇葩说》

Q90 已婚男同事说爱上我了，我该怎么办

粉丝困惑　办公室里一个已婚的男同事（上司），总在工作上提携我，生活上也关心我，后来他就跟我表白了……我该怎么办？他没离婚。

艾弥儿解答　我一直主张不要和已婚人士谈恋爱，无论他是你的同事、上司还是通过其他途径认识的朋友。

对于已婚同事和上司尤其要注意保持距离。因为大家在同一个工作环境下，公司就那么大，大家都喜欢八卦单位里的这类事情，一旦你选择跟已婚男同事恋爱，那么所有同事都会开始关注你、八卦你。你事业上取得的任何一点成绩，哪怕真的是靠努力获得的，也很难得到大家发自内心的认可。大家都会觉得你是走捷径、靠男人上位的。

情感上，一旦你和已婚男同事有了这种纠缠不清的关系，你会发现公司里的其他优质单身男、上进好青年都会慢慢疏远你，因为他们不喜欢那些跟已婚男人有瓜葛，而且名声不太好的女人，即使你长得再漂亮，他们也只会在脑海里遐想一下，绝不会接盘的。

年轻的姑娘们啊，珍惜这段青春年少的时光吧，谈一场清清白白的恋爱，远离已婚男同事。

已婚男上司的套路，权色交易。

千万不能当小三，容易被原配打。

想清楚自己要什么，要爱情的话还是算了吧！

可以告他性骚扰。

爱情里不被爱的那个人才是第三者，才是小三。

——《离婚律师》

Q91 离婚的女人怎么追

粉丝困惑 大概是这样的，我跟她是同事，但很少有交集，知道她人不错，比我大两岁。我的目的很明确，想跟她处对象，她也知道我的目的，没有回绝我。我们平时聊得挺好的，也有点小暧昧。不过大多时间都是我找她，等我觉得时机成熟了，想约她出来聊聊，她说她离过婚，还有小孩。但是我现在已经陷进去了，有点不知所措。

艾弥儿解答 离过婚的女人也是女人，也需要爱情和组建新的家庭，所以不要因为对方离过婚而影响你们的感情。

只是和离过婚的女人相处，需要注意一点，就是离过婚的女人经历了一次亲密关系的破裂之后，很可能会对破裂的原因耿耿于怀，就是俗话讲的“一朝被蛇咬，十年怕井绳”。所以，在你慢慢了解她的过程中，你最好深入了解她上一段感情失败的原因，并且要格外地注意这一点。比如说如果她是因为上一任老公劈腿而离婚，那她可能对忠诚度和信任度的要求很高，你就要格外关注这一点。

还有离婚带孩子的问题，不要忽视孩子在你们关系中的作用。因为你除了要担当她的男朋友或者老公的角色之外，还要担当孩子父亲的角色。当父亲并非一件容易的事，你可以学习一些跟孩子相处的技巧，和孩子慢慢接触、磨合，看看自己是否能胜任这个角色。

如果这两点你都能接受，也都能做好，应该就没什么大问题了。

这不是“喜当爹”嘛！

离婚的女人容易和前夫有剪不断理还乱的关系，很麻烦的。

离过婚的女人说明没人要了。

楼上的，没钱的离婚叫离婚，有钱的离婚叫恢复单身。

世界上只有被追求者和追求者，忙碌者和疲惫者。

——菲茨杰拉德《了不起的盖茨比》

Q92 男女之间的爱到底有什么不同

粉丝困惑　为什么男人婚前婚后这么不一样呢？婚前追求你的时候特别热情黏人，婚后就一副爱理不理的样子，我和我闺密的老公都是这样。

艾弥儿解答　我每天收到很多关于情感的提问，我发现男生提的问题都是在恋爱刚开始的阶段，譬如为什么女生约不出来？为什么女生态度一直比较冷淡或者不明朗呢？女生为什么对亲密接触的行为这么保守呢？

而女人提出的问题多数都发生在恋爱后期或者婚后，她们的问题基本都是为什么男生不像当初那么爱我了？为什么他的微信和电话没有以前频繁了？为什么连夫妻生活都少了？他是不是外面有人了？为什么在一起的时候他也在玩手机或者打游戏？

从这些问题中不难看出，男人和女人在相爱的方式上有所不同。男人的爱多数都是爆发式的，在很短时间内一见钟情，爆发之后就会慢慢走向平淡。男人的爱是荷尔蒙从旺盛到不旺盛，由浓烈到平淡，由密切到疏远。

而女人的爱恰好相反，它是一个累积渐进的过程。最开始她不太确定，甚至有点疏远和冷淡，随着相处时间的增长，感情越来越深，她会越来越喜欢对方，越来越依赖对方。

所以，在恋情刚开始的时候男人会抱怨女人的冷淡，到后期，女人则会抱怨男人没有当初那么爱她。

还有一种常见的现象，两个人谈了很多年恋爱，女人想结婚，可是男人结婚的意愿却没那么强，也是由于男女爱的方式不同。

当你在婚后遇到男人不像婚前那么热情的问题的时候，多想一想这不过是因为男人和女人爱的方式不同，就比较容易释怀了。

我就问一句，猎人打到猎物之后还会苦苦追逐吗？！

女人结婚是为了爱，男人结婚就是为了过日子嘛！

恋爱超过五年，基本上男的都不想结婚了，厌倦了。

哪用得着五年啊，两年就差不多了。

男人的爱情只是男人一生当中的一部分，但是爱情却是女人一生中的全部。

——拜伦

Q93 爱的五种语言，你会几种

粉丝困惑 在一段爱情里最委屈的一段话莫过于，我对她那么好，付出了那么多，她为什么还是无动于衷？爱一个人到底要不要一味地付出？

艾弥儿解答 爱情当然是要付出的，如果她无动于衷，往往是因为你在用自己的方式表达爱意，而不是用对方期待的方式去表达。有一本书叫《爱的五种语言》，里面就讲到了我们表达爱、接收爱、感受爱的五种方式。

第一种方式是积极的语言。用欣赏、肯定的语言去赞美和肯定对方，比如告诉对方你笑起来的样子真好看，你很喜欢。当你让她感觉到自己被欣赏、被接纳、被认可的时候，她也就感受到了你对她的爱。

第二种方式是高质量的陪伴。你要花时间、花精力和她在一起，陪她的时候要把精力都放在她的身上，而不是你在这看足球、打游戏，把她晾在那看韩剧，这称不上是高质量的陪伴。

第三种方式是贴心的礼物。大部分女人都觉得一个肯为她花钱的男人不一定真的爱她，但是一个不肯为她花钱的男人一定不爱她。所以你要时不时送一些贴心的小礼物给她，表达你的爱意。礼物不需要多么贵重，量力而行，最重要的是能够传达你的心意。

第四种方式是多做一些对方希望你做的事情。爱不仅仅是嘴上说说，而是实实在在做出来的，真正的爱需要用行动来表达，而且要做对方期待你做的事情。比如对方希望你能戒烟或者锻炼身体，如果这些你都能做到，对方也能感受到你对她的爱。

第五种方式是身体的接触。人和人之间的物理距离决定了他们之间的心理距离，比如情侣间的亲吻、拥抱，等等，都能够让你们的感情更加融洽和亲密。

也可能是她根本不爱你，哪种语言都是对牛弹琴。扎心了吧？

最怕的女人是五种都要，贪心啊！

什么都不要的话就连你都不要了。

> 我把我整个灵魂都给你，连同它的怪癖，耍小脾气，忽明忽暗，一千八百种坏毛病。它真讨厌，只有一点好，爱你。
>
> ——王小波《爱你就像爱生命》

Q94 “爱无能”到底是为什么

粉丝困惑　我的初恋特别曲折，当我好不容易从初恋中走出来的时候，却发现自己没办法投入到任何一段感情中去了。以前谈恋爱会忽视对方的缺点，现在心眼变小了，遇到一点不对胃口的事都觉得不能忍受，然后就会觉得好像没那么喜欢这个人，新鲜期一下子就过去了……有点害怕自己这个样子。我是不是“爱无能”了呀？

艾弥儿解答　我们身边有很多人都无法投入一段亲密关系，对婚姻也充满了恐惧。出现类似“爱无能”的现象，这可能是以下三个原因造成的。

第一点，原生家庭带来的创伤。研究表明，在一个父母长期争吵或者父母一方长期出轨而另一方一直忍让的家庭环境中长大的孩子，长大后对亲密关系的印象会很消极、负面，对婚姻也会产生一种恐惧。

《圣经》里有句话，人长大了，必定要离开父母，跟自己的配偶结合。这说的就是当我们长大、走出原生家庭以后，要有勇气去建立自己的家庭，开创属于自己的生活。

第二点，在感情里受过重伤。这种伤害和心理学上的“习得性无助”十分类似。假如你是一头小象，在很小的时候就被拴在马戏团里，曾经无数次尝试挣脱，但力气太小始终无法挣脱。长大后明明可以挣脱了却再也不会去尝试了，因为小象已经认定它无力挣脱了。

在感情里我们就是这头小象，年轻时因为不太会处理亲密关系，导致自己受了伤。但是经过时间和经验的积累，我们已经长大，变得成熟平和，能够试着去迎接一段新的亲密关系。

第三点比较有意思，就是没谈过太多恋爱，也没有在恋爱中受到过伤害，但是听过了太多的故事，什么离婚、出轨、劈腿，等等，导致她觉得感情这件事很恐怖，所以想要离得远一点，选择自己一个人生活。

为什么我们周围会充斥着各种劈腿、离婚、出轨这种狗血的剧情呢？其实不是因为这种事占据了大多数，而只是因为这种剧情更吸引眼球罢了。事实上，绝大多数的夫妻都是平凡而安静的，只是他们的生活没有被我们看见而已。我们不能因为这些人爱得太平凡了，就对这些平淡而真挚的爱视而不见。

原生家庭是什么意思？

就是你爸、你妈和你。

得亏不是“性无能”！

“爱无能”比“性无能”还可怕。

不被爱只是不走运，而不会爱是种不幸。

——阿尔贝·加缪《局外人》

Q95 女神和普通的女生该如何选择

粉丝困惑　如果女神跟我表白，但是同时也有一个很普通的女生跟我表白，你说我该选谁？

艾弥儿解答　选择谁这件事应该取决于你的自身条件。

如果你也是一个形象气质、物质生活水平、性格人品和才华等各方面条件都非常优秀的人，或者你特别受欢迎，属于男神般的存在，可以hold住女神，毫无疑问你可以选择前者。

但是如果你的条件跟对方相差十万八千里，只是靠痴情和无底线的付出来感动女神的话，这样的生活会让你很快觉得疲惫，可想而知这段关系也难以持久。在这种情况下，建议选择那个跟你条件比较匹配、条件一般的女生，跟她一起去建立一段长久的亲密关系。

题主在做白日梦吧？

选有钱的那个。

两个都收了。

这个得试试才知道谁好。

我，从小时候起就已喜欢上一个人，她性格刚强，很有主见，不会乱哭乱吵，是我心目中的女神。

——《名侦探柯南》

Q96 为什么很多男人喜欢三十多岁的女人

粉丝困惑　我以前总觉得男人都喜欢20多岁的年轻女人，后来我发现很多男人好像更喜欢30多岁的女人，这是为什么？

艾弥儿解答　说起30多岁的女人我就马上想起时尚杂志里那个贴切的称呼——轻熟女。这个“轻”和“熟”形容得特别贴切。

从外貌上来讲，她们看上去比较年轻，风韵犹存。30多岁的女人经济条件比较好，审美和品位相对比较高，对自己也更了解，所以她们的穿着打扮比起20多岁的女生会更优雅，仿佛处在一个花朵盛放的状态，当然招男人喜欢。

“熟”主要指她内在性格上的一种成熟。比起20多岁的女人，她们不论在经济上还是情感上都更加独立、更加成熟。她不会像小女生一样无理取闹，也不会经常做一些很作的行为，更不会通过一些很奇葩的方式去测试男人到底爱不爱自己，等等。

30多岁的女人最清楚自己想要什么，也很清楚自己能付出什么。她会给男人更多的包容和体贴，满足他的生理需求和精神需求。轻熟女——一个在身体上处于盛放期，精神上又处于成熟期的女人，自然会有很多男人喜欢。

我很专一的，永远喜欢18岁的。

我喜欢年纪更大一些的，有母性光辉的。

年纪大的男人喜欢年轻的，年轻的男人喜欢成熟的，缺啥找啥。

或许每个女人年轻的时候都曾遇到过她的陈孝正，然后才会找到林静；而每一个男人都曾是陈孝正，当他终于成熟，就变成了林静。

——辛夷坞《致我们终将逝去的青春》

Q97 长得帅的男人都很花心吗

粉丝困惑　我妈总说长得帅的男人守不住，因为他们都很花心。但是我碰到过一个挺帅的男生，外表看起来温文尔雅，非常正人君子，事实上他人也很好，很专一。他是个例吗？长得帅的男人到底花不花心？

艾弥儿解答　其实有研究表明，长得越帅的男人反而越不花心，对婚姻也越忠诚。因为他们在成长过程中通常都比较顺利，从小被夸到大。青春期也非常受女孩们的欢迎，所以他心理上会有一种富足感，从而也会比较自信，情绪也会比较平稳。他成年以后用不着通过"跟很多女人发生关系"来证明自己的男性魅力，也不会去找寻一段又一段的关系来填补内心的缺失和空虚，所以他们反而对婚姻比较忠诚，而且会很顾家，对老婆、孩子都很体贴。

伦敦政治经济学院的进化心理学专家们曾经做过一个研究，研究表明长得帅的孩子们不光外表优越，智商也更高，成年之后对婚姻也更忠诚。样本研究数据是：外表好看的孩子们的智商比同龄孩子的平均智商高出12.4，对婚姻忠诚的男人们的平均智商是103，对婚姻不忠诚男人们的平均智商是97。

这组数据足以证明长得帅的男人不仅更忠诚，还更聪明。所以，找男朋友的时候不要光看他的物质条件，还要看看他长得帅不帅。

这对丑男人也太残酷了吧？

帅男人的忠诚才是忠诚，丑男人的忠诚只是没有机会。

唉，看来我更难找到对象了！

我觉得那个研究数据肯定有问题，智商和长相应该没关系的。

长得不够帅，就要努力把戏演好；书读得不多，就把事情做好。

——《我是路人甲》

Q98 男人比女人更花心吗

粉丝困惑　不论是身边的例子还是网上的八卦，每天听到太多男人花心劈腿的故事，都不敢谈恋爱了。男人是不是就是下半身的动物啊？

艾弥儿解答　的确，不论是身边的例子还是网上的八卦故事，都给我们传达了一种观点：男人就是下半身的动物，他们更花心，更容易出轨。

但这其实是对男性的一种误解。举个简单的例子，假设一个女生的男朋友另寻新欢跟她分手，她会怎么做？她会找所有认识的人哭诉，痛斥前男友种种恶劣的行径；但是男人如果知道女朋友跟别人跑了，他们通常会保持沉默，即使心里再痛苦，他们也不会大张旗鼓地说出来。

男人从小就被教育要坚强，所有伤痛都要自己扛。而且，像女朋友跟别人跑了这种事，对他们来讲是很丢脸的，他们怎么会愿意到处说呢？

这就导致我们听到的都是女人口中关于男人劈腿出轨的故事，于是认为男人才是更花心的那个。但现实社会中出轨的成本越来越低，女人出轨的案例也比比皆是，只是被男人“沉默是金”的品质给掩盖了而已。

有个调研表明，失恋以后，女人平均三到六个月就会有一个新欢。而男人从一段失败的关系里走出来的时间要比女人长，平均下来是一到两年，甚至更长。这个调研的结论是，男人不是更花心，而是更专情。

终于有人为男人说话了！

男人真的不容易，平均寿命都比女人短呢。

我看透了你所谓的博爱，其实不过是自私的自我保护。

——《罗曼蒂克消亡史》

Q99 爱情和面包到底该选哪个

粉丝困惑 我有一个特别喜欢的女孩，对方也很喜欢我。但是还有一个可以在事业上给我帮助的女人，也表示喜欢我。这两个女人，我应该选择哪一个？

艾弥儿解答 现在男性朋友们也要面临选择爱情还是面包了。不过我还是建议你选择那个你更喜欢，而且两情相悦的女生。

首先，人生中有很多“面包”都是可以通过坚持不懈的努力获得的，比如：你坚持不懈地健身，那你的身材一定会比不锻炼的人好一点；你坚持不懈地努力工作，你的事业肯定会慢慢有起色……但爱情是你无论怎样努力也不一定能看到结果的东西，遇到一个两情相悦的人，就要好好珍惜。

另外，一个女人既然是能够在事业上给你很大帮助的人，那么她肯定也是非常聪明的。所以她分得清你到底是真心喜欢她还是想要利用她当作事业的跳板。如果你选择跟她在一起，那么未来跟她相处的过程中，你肯定要小心翼翼、如履薄冰。一旦让她感到不满或者被她识破了意图，最后的结果可能就是“人财两空”。而且她既然能助推你事业的发展，那当她对你产生不满或者怨恨的时候，同样也可以阻碍你事业的发展。

因为命运给你的每一样礼物，其实都早已在暗中标好了价格。

男人也这么现实了啊？

选长得好看的那个！

伺候不好容易被拖出去斩了，哈哈！

命运给你的每一样礼物，其实都早已在暗中标好了价格。说得真好！

面包我可以自己买，你给我爱情就好了啊！

——佚名

Q100 如何听懂女人心

粉丝困惑　艾老师，我接触过挺多女生，发现在交流过程中，她们说话总是拐弯抹角的，我有时候真的不知道她心里到底在想什么。

艾弥儿解答　我分享一个技巧，很简单，一个小的模型就能让你听懂女人心。

首先，说几个情侣日常交往中常有的画面，比如当女生问你饿不饿，你会实事求是地回答不饿；当女生发微信问你“在吗”，你只会回一个字“在”；当女生说自己好像感冒了，你只会让她多喝热水……这种你自认为无比正确的回答背后，你会看到她并不满足，因为她说的话背后还有更深层次的含义是你没有领会到的。这其实就是谈话中的一个冰山小模型。

冰山只有10%的部分是露在水面之上的，剩下的90%都在水面之下。女生问的事实层面的问题只是冰山露在水面之上的一角，下面的90%都是她的感受和期望。当她问你饿不饿的时候，其实是想说她自己有点饿了，她的期望是你能带她去吃点好吃的。这时候最好的回答是：“宝宝是不是饿了？我带你去吃点好吃的吧！”

第二个问题看起来是在问你在不在，其实她的期望是想跟你聊聊天，她的感受是她现在有点想你。所以你应该回答说：“正好要给你发微信，我想你了，你今天过得怎么样？”这样女生才能接下话茬。

第三个问题她说自己好像感冒了，如果你让她多喝热水，虽然也没错，但是她会觉得不满足。她感冒很难受，希望你能去陪陪她，抱抱她。如果你们在一起，最好的方式就是过去抱住她；如果不在一起，最好就是立刻过去陪她，这样她才能满足。

这就是聊天中的冰山模型。冰山一角是物理世界的事实，如果你也只用事实去回应她，她会感觉你很冷漠，没有温暖。冰山下面是她的感受和期望，如果你照顾到她的感受和期望，她就会感受到你对她的爱和甜蜜，就会感觉幸福和满足了。

女人心，海底针。

还要带个模型去聊天，当男人也太累了！

多喝热水吧还是。

最强大脑霍金不是也说过嘛：我了解宇宙的奥秘，但我不知道女人心里到底在想什么，哈哈！

活着的东西都是很费功夫的。

——《海街日记》